LE
BREVIERE
DES
COURTISANS
Par las F. de Serre
Matheus fecit.

LE BREVIERE DES COVRTISANS

Enrichy d'vn grand nom-
bre de Figures.

PAR LE S^r. DE LA SERRE
Historiographe de France.

A PARIS,

Chez { MATHVRIN HENAVLT,
NICOLAS DE LA VIGNE,
PHILIPPES GAVLTIER,
NICOLAS DE LA COSTE.

M. DC. XXXX.

Veus tu voir vn homme Immortel
En voicy le Parfait Image
C'est le Miracle de nostre age
Car sa vertu la rendu tel

A TRES-HAVT,

ET TRES PVISSANT PRINCE

CHARLES 'EVSEBE

PRINCE DV S. EMPIRE, de Liechtenstein & Nichol-spourg ; Duc de Troppau & Yagherndort, &c.

ONSEIGNEVR

Les hommes de voſtre Merite, & de voſtre Naiſſance ; ont beau eſtre eſle-

ã iij

tïez sur le commun, par ces Pre-
rogatiues de vertu, & de nature. Si la Renommée ne parle
d'eux aux siecles à venir, leur
gloire n'a point de plus longue estan-
duë que celle de leur sepulture. Il
faut necessairement qu'ils ayent
des Autels, & des Temples, où
leur Memoire, treuuant vn
tombeau de Phenix, r'anime incessamment leurs cendres, pour les
faire viure dans la mort mesme.
I'ay mis en auant ces veritez sur
le subiect de vos perfections toutes enuiees; mais toutes inimita-
bles, affin d'en eterniser le souuenir d'vne façon digne d'elles: Car
ayant faict apprendre par cœur
vostre nom aux Echôs du mont
de Parnasse; Ie veux que le bruict

de vos louanges retentisse par toute la terre, & que le soleil soit
moins cognu que vous. Ce n'est
point vn langage de compliment,
Monseigneur, les genereuses
qualitez que vous possedez, sont
d'vne nature beaucoup plus noble
que celle des astres, parce qu'elles
ne trouueront iamais en vous
d'accident, & tous ces flambe-
aux des Cieux sont subiects aux
esclipses. Ce n'est pas qu'il n'y aye
des Princes, & des Roys, qui
vous ressemblent en quelquecho-
se; Mais ie deffie le plus ialoux
d'honneur de pretendre iustement
à ceste Gloire immortelle que
vous vous estes acquise en l'aage d'adolesceuce où vous respirez
encore, par vn nombre infiny d'a-

ã iiij

ctions , qui n'ont point de nom,
pour estre trop loüables. Iay pris
plaisir souuent d'estudier vostre
humeur, affin de cognoistre le prix
des choses les plus parfaictes : Et
i'ay si bien employé mon temps,
qu'il faut que i'aduoüe que vous
estes le seul au monde, qui m'auez
fait voir la Vertu dans son Throne, & auec toutes les douceurs, &
toutes les graces , dont elle attire à
soy les ames, & les cœurs. Mais
que ne peut pas vn Inuincible
Thesee, guidé par le filet d'A-
riane, dans le penible Dedale d'v-
ne aueugle ieunesse? Je veux dire,
de quoy ne sont pas capables les
genereuses inclinatiõs d'vn nouueau Achille, animé de la Pru-
dence de son cher Chiron? Vous

estes trop parfaict, Monseigneur,
pour nous seruir d'exemple : &
toutesfois, ie puis dire, que vous
ne cognoissez pas vos perfections,
parce que n'ayant iamais autre miroir, que celuy de vostre
Humilité il vous represente auec
la seule couronne de vostre Grandeur ordinaire ; & la Fortune
n'en a pas assez seulement pour
couronner le moindre de vos Merites. De sorte qu'il ne nous est permis, que de vous admirer, & ie
croy me rendre moy mesme admirable, en publiant par tout que ie
suis,

      Monseigneur

            Vostre Tres humble &
            tres obeissant seruiteur
            P. DE LA SERRE.

A LVY-MESMES

STANCES.

Rand Prince ces vertus
ont de si puissans charmes,
Que tu peus asseruir tous
les mortels sans armes
Ton seul Renom sufit pour conquerir les
cœurs;
Impose donc tes loix, establis ton Empire.
D'esperance, & de ioye apres tes faicts
vainqueurs.
Tu porte sur le Front l'image de ta
gloire!
Car tout ce que tu fais est digne de memoire.

Le bruit de tes vertus étonne les mortels,
Tu fais encore vn coup pleurer cét Ale-
    xandre,
Qui n'a pû comme toy en vn aage si ten-
    dre,
Meriter icy bas de glorieux autels.

Tu nous parois si vieux nous paroissant
    si sage,
Qu'on prendroit pour l'Hyuer le Prin-
    temps de ton aage,
Si tu ne faisois voir les fruits de ton Esté.
Mais en ton Orient, tu produis des Mer-
    ueilles
Dignes de ton Midy: Elles sont sans pa-
    reilles,
N'ayant point d'autre obiect que dans
    l'Eternité:

DE LA SERRE

QVATRAIN.

A la loüange de l'Autheur.

Tu as pû, grand Cæzar, par liberalité,
Agrandir les Estats de ce genereux Prince;
Mais le diuin La Serre, au lieu d'vne, Prouince,
Luy octroye le don de l'Immortalité.

AVTRE.

Delices de la Cour, Ornement de la Terre.
Librairie viuante, & Fleur des beaux Esprits,
Si les Muses pouuoient auoir des fauoris
Leur Duc de Bouquinguand s'appelleroit La Serre.

A L'AVTHEVR

Sur son liure.

Si tes liures suiuant le bel Astre du
    Monde
Courent tout l'vniuers pour luire à nos
    Esprits,
Ta liberale main, qui n'a point de se-
    conde,
Te cueille des Lauriers dignes de tes
    Escrits.

CENSVRA.

Breuiarium hoc Passionis Dominicæ
à docto Auctore Aulicis conscrip-
tum, etiam omnibus proderit, si vt fasci-
culus myrræ inter duo vbera animæ in-
tellectus & affectus collocetur. Ita cen-
seo hac 16. Febr. 1630

HENRICVS CALENVS.
S. Theol. Licent. Archipres-
Bruxell. Libr. Censor.

AV LECTEVR.

IEne te veux point perſuader que
cét ouurage me ſoit eſchappé des
mains, i'y ay employé tout le ſoin, &
toute l'induſtrie qui m'a eſté poſſible
pour le mettre à ſõ jour. Les Merites
de ce Prince, à qui il eſtoit deſtiné,
m'ont engagé à ce deſſein, & comme
l'honneur & le contentement, en
ſont inſeparables, mes trauaux ont
deſ ia produit ma recompenſe. Tout
le móde ſçait, que chaſcun a ſes incli-
nations affectées, dont on ne peut
ſe deſprendre qu'auec des puiſſans
efforts. Celle d'eſcrire me poſſede ſi
abſolument, qu'elle m'accompagne-
ra dans le tombeau, quoy qu'elle
promette de m'en exempter. Ie m'e-
ſtonne toutesfois, que i'aye l'humeur & l'habitude d'eſcrire, ſans en

auoir le don. Ie ne fay que croaſſer, comme les Corbeaux parmy ces Roſſignols de cour dont le degoiſement charme les cœurs, par les oreilles; Mais quoy le Ciel a des fauoris auſſi bien que les Roys. Si ie n'ay qu'vne plume de Corbeau, ie m'en ſeruiray de pinceau pour faire des nouueaux portraicts de la mort, & auec ce funeſte artifice, ie chercheray l'immortalité par la voye du Treſpas.

Matheus fecit.

LE
BREVIERE
DES
COVRTISANS.

CHAPITRE I.

Si fieri poteſt, tránſeat à me Calix iſte.

N'ENTENDEZ vous pas la cloche de la parole du Fils de Dieu, Meſſieurs les Courtiſans, qui vous appelle à Matines, dans le Iardin ſacré de ſon Egliſe. Vous voyez comme il commence ſeul, l'of-

A

fice de sa Passion, sans que personne
luy respóde. Le Ciel est muet, la Terre est sourde, ses Disciples sót endor-
mis, & vous courez les ruës de Hie-
salem au son de vos luths, pour dóner des serenades à vos Maistresses:
Tandis que vostre Maistre & vostre
Redempteur tout ensemble, est reduit aux abois, parvn excez de tristesse & d'amour, voyár dás sa Prescience, que ses tourmés, & ses peines, seront inutiles pour nous, puis que
vous tenez vostre partie en ce concert de musique que les Scribes &
Pharisiés luy preparét, à la veille de
ses funerailles. Vos ris le font pleurer, vos chants d'allegresse le forcét
de se plaindre : vos promenades le
tiénét à genoux, & tous vos autres
plaisirs luy donnent mille attaintes
de martyre. Ce qui l'oblige sás doute, à prier só pere d'esloigner de luy
le Calice de sa passion. Il me semble

de la forte, felon ma penfee.

Mon cher Pere, vous voulez que ie rachepte le Monde de mon Sang, ie le defire auffi de tout mon cœur, mais, où eft ce Monde ? Ie me voy feul abandonné en ce lieu folitaire, fans autre compagnie que celle des A-ftres qui m'efclairent. Les vns con-jurent ma mort, les autres en for-gent les inftruments : Ceux-cy com-ptent l'argent de mon achapt, & ceux-là font des parties de balet & de mufique, en faueur des Demons, pour refioüir les enfers ; he ! qui eft-ce qui entrera donc dans ma Barque, pour fe fauuer du deluge de voftre Iuftice ? Me voila preft à partir, & pas vn ne s'auance à deffein de m'ac-compagner en cefte nauigation du Caluaire, où ie dois jetter l'ancre de ma Croix, pour leur faire trouuer le port de grace & de falut. O Pere bien-aimé, à quoy me fert donc la

,,qualité que vous m'auez donnee de
,, Nocher, & de pilote, sur la mer ora-
,, geuse de ma Passion, si ces ames crimi-
,, nelles que vous me baillez en garde,
,, se precipitent en foule dans les abys-
,, mes du desespoir, l'exemple de Iu-
,, das, qui leur a desia donné parole,
,, de leur seruir de Capitaine. Que le
,, Calice donc de mes souffrances pas-
,, se loing de moy, s'il vous plaist, ou
,, faictes que i'en boiue vtilement tou-
,, te l'amertume, à la santé de tout le
,, monde, afin que ie ne porte pas
,, en vain ce glorieux tiltre de Sanueur
,, Mais toutesfois vostre volonté soit
,, faicte.

Voila le sens selon mon imagination, de la premiere priere que le Fils
de Dieu fait à son Pere, dans le Iardin
des Oliues. Ne vous estonnez pas si
au milieu de son Oraison il se leue
pour esueiller ses Apostres, l'amour
qu'il a pour eux, ne peut compatir

auec la crainte, du danger où ils sont.
Esueillez vous donc, Messieurs les
Courtisans: car vous dormez bien plus
fort que ses Disciples.   Ils ne sont af-
soupis que d'vn sommeil innocent, &
le vostre vous rend hebetez iusques
au poinct de courre à vostre perte, &
de souspirer apres vostre ruine. Qel-
le honte vous est-ce, de chanter auec
l'infidelle Apostre des airs de trahison
& de perfidie, dans les ruës d'vne nouuelle Babylone? Vos luths souspirent
à leur façon de vostre mal-heur, ils se
plaignent de mesme, de la dureté de
vostre cœur, & de la malice de vostre
ame, & l'armonie de vostre voix ne
charme de ioye que les Demons, dans
le chemin où vous estes de vostre
damnation.

Mais, Seigneur, quel excez de bonté guide vos pas à la mort? Ie sçay bien
que vous estes descendu du Ciel pour
nous y faire monter auec l'eschele de

voftre Croix. Il me femble pourtant, & il eft vray , que par le prix
d'vn de vos foufpirs, vous pouuiez
rachepter vn nombre infiny de mon-
des , quelle furabondance de fatis-
faction donnez vous donc à la Iuftice de voftre Pere ? Que fi par vn fen-
timent d'amour vous vouliez reffen-
tir nos miferes ; ne vous fuffifoit-il
pas d'auoir efpreuué en naiffant celle du froid, dans la creiche ? C'eftoit
trop pour vous , & beaucoup plus
encore pour nous mefme, & de la
forte vous pouuiez commander au
Ciel , & à tous les Aftres, de vous
venir querir à l'inftant , & de vous
porter dans le fejour de voftre Eternité glorieufe : Amour que tes merueilles font grandes . Vous n'auiez
garde, ô doux Sauueur ! de donner
des limites à vos peines , puis que
voftre amour n'en auoit point. Et
c'eft elle qui vous a faict efpoufer no-

ſtre condition, auec tous les tourmens qui luy ſont propres. C'eſt elle
meſme qui vous a fait entrer dás le
monde par la porte d'vne eſtable, &
qui vous en veut faire ſortir main-
tenãt par celled'vn poteau; que peut
on dire dauãtage? Tellement que ie
ne m'eſtóne pas ſi vous priez voſtre
Pere Eternel de faire paſſer loing de
vous ce nouueau Calice de douleur
qui ſe preſente, puis que ç'a eſté voſtre verre ordinaire , & que vous y
auez eſtãché dedans voſtre ſoif mille & mille fois ,depuis l'heureux moment de voſtre naiſſance. Priez-le
dóc hardiment, Seigneur; ſa Iuſtice
ne vous peut rien demãder, ayãt ac-
quitté nos debtes, auec la monnoye
de voſtre Sang meſme, ſur l'Autel
de voſtre Circóſion. Ce n'eſt rié encore combien de larmes auez vous
reſpanduës dans voſtre berceau?
cóbien de cris enfantins auez vous

A iiij

De sorte que si la plus petite de ces larmes & la plus foible de ces plaintes pouuoit suffisammant reparer l'enormité de nos crimes. La iustice diuine vous doit du reste, il ne tiendra qu'à vous de refuser le Calice qui se presente. Vostre Pere le veut si vous le voulez ; mais parce qu'il sçait la resolution que vous aues prise de mourir dans le Conseil secret de vostre prescience, il ne peut excaucer vos prieres, & voir vos desseins accomplis.

Car apres tout, Seigneur, ie sçay bien que les prieres que vous faictes à vostre Pere sont les mesmes que la Nature vous fait, pour conseruer ceste parfaicte vnion de vostre Corps si pur, auec vostre Ame si belle, afin que le trespas n'en rompe point l'estrainte. En effect vous deuez cela à vostre saincte Humanité, d'employer tous les efforts de vostre voix, & de voſtre langue , pour obtenir quelque diſpence de ceſte amoureuſe neceſſité , qui ſe veut abbreuer de ſon Sang innocent , autrement , on vous reprocheroit la haine de vous meſme , & elle ne peut compatir auec voſtre perfection ; comme eſtant le plus parfaict ouurage qui ait eſté iamais animé. Priez, priez donc Seigneur, puis que voſtre adorable Humanité vous en importune ſi fort. Allez pour la ſeconde fois plaider ſa cauſe deuant voſtre Pere Eternel , & il me ſemble que ie vous voy deſia à genoux , & en action d'ouurir la bouche pour luy parler en ces termes, ſelon ma creance.

O Pere parfaitement aymable, & parfaitement aymé, ie vous demande pardon de la hardieſſe que ie prens de vous importuner encore de la meſme priere que ie vous ay faicte de m'exempter de la mort, puis que de

toute eternité vous m'auez desti-
né dans voftre Prefcience pour vi-
étime fur l'Autel de la Croix. Mais
vous me permettrez pourtant de
vous reprefenter cét, amour extreme , qui me lie fi eftroittement
auec moy-mefme, que ie n'en puis
rompre les chaines que par la feule
puiffance de voftre cómandement.
Commandez donc tout ce qu'il
vous plaira , afin que ie trouue ma
confolation dans l'obeiffance que
ie vous ay vouee ; ô diuines paroles.

Si vous n'auiez les oreilles bou-
chees, Meffieurs les Courtifans , au
fon effroyable de vos luths , vous
entédriez maintenát tous ces char-
mans difcours, dont mon Sauueur
faict refonner la melodie iufques
dans le Ciel ; Et fans doubte vous
feriez rauis par vn effort de pitié, ou
d'eftonnement, voyant cét ayma-

ble Redempteur dans vn combat
amoureux. Il desire mourir d'amour,
malgré tous les efforts de l'amour
qu'il doit à soy-mesme, & en ceste
amoureuse dispute, la tristesse & la
douleur possedent également son
ame : Car les plus purs sentimens de
son cœur tiennent nostre party, &
font pencher la balance de nostre
costé. De sorte que quoy qu'il
meure, par l'enuie qu'il a de se
resoudre à la mort, il se plaist à mourir deux fois, puis que l'amour qu'il
a pour nous, en est la cause. De
vous dire toutesfois, ce qu'il souffre durant le temps de ceste douce
querelle, ie n'ay point des termes
assez puissans pour exprimer la moindre de ses peines. Representez vous
seulement que dans l'enuie qu'il à
de mourir, son corps & son ame ne
se peuuent resoudre à ceste cruelle
separation, ny à subir la loy de l'adieu

reciproque que le trefpas leur veut
impofer. Tellement qu'il forge dans
fon fein tous les traits de fon martyre,
dont les douleurs ne fe peuuent conceuoir que par luy feul.

Courtifans, fi vous entriez de penfee dans ce Iardin folitaire, vous chan-
geriez bien toft de ton, & de voix,
voyant mon Redempteur comblé
d'ennuy & d'affliction. Ie veux croire
que vous feriez vne nouuelle mufique de foufpirs, & de plaintes, par la
feule imagination des tourmens que
le Fils de Dieu endure. Toutesfois ie
me trompe: Car vous n'ignorez pas la
verité de ces douleurs, & l'affeurance
que vous en auez n'impofe point filence à vos langues. Vous recommen-
cez toufiours vos chanfons d'infidelité, & de perfidie, tandis que mon
Sauueur, comme vn autre Cigne mourant, au bord du fleuue de Meandre,
jette les derniers accens de fa mou-

rante voix fur le riuage du fleuue de fes larmes, s'efforçant en cefte action de pitié, & d'amour de charmer les ennuis de fon Ame trifte iufques à la mort, par la douce armonie de fes prieres.

O belle Ame! mais la plus belle qui fut iamais, moderez vn peu, s'il vous plaift, la violence de l'ennuy qui vous poffede. Ie fçay bien que vous aymez parfaitement ce Corps, où vous eftes fi eftroittement atta- chee, comme eftant mille fois plus pur que le Soleil, & mille fois plus beau encore; Mais ie vous fupplie de confiderer que vous ne luy direz qu'vn adieu de trois iours, & que tou- te la puiffance de la mort & des De- mons, ne peut prolonger d'vn feul moment ce petit terme de voftre ab- fence. Souffrez donc s'il vous plaift, cefte feparation, puis que les Pro- phetes nous l'ont annoncee. Que fi lapprehenſion des maux que voſtre Corps doit ſouffrir vous bourrelle deſia par aduance. Repreſentez vous que l'exéple de ſon martyre produira mille Martyrs, & que la plus petite de ſes douleurs, ſeruira de remede à nos plus grandes. D'ailleurs comme vous aymez parfaictement voſtre corps, le Seigneur ayme de meſme ſes autres creatures. Et nous verrons à la fin quelle de ces deux amours emportera la victoire.

Noſtre Redempteur toûſiours preſſé de l'afflictió qui le poſſede, ne pouuant ſe deffendre contre les attaintes de pitié, & d'amour dót ſon humanité luy perce les entrailles. Il recommence encore ſes prieres, auec plus d'effort que iamais; Seigneur continuez hardimét de plaider voſtre cauſe deuant voſtre Pere: Car ie m'imagine que vous n'eſtes entré dans ce Iardin du Paradis terreſtre que pour r'ac-

tacher à l'arbre de vie le fruit qu'A-
dam & Eue en auoiĕt derobé. Et en
effect les maux sans nóbre que vous
auez desia soufferts, l'ont pédu à sa
bráche: Tellement que la Iustice diuine ne nous peut refuser son pardon, puis que la faute est reparee.

Chose estrange; mais admirable,
l'amour dicte les paroles de la priere
que nostre Sauueur fait à só Pere, &
l'amour mesme empesche que ceste
priere ne soit exaucee: Car il s'ayme
si fort, & auec tát de raison, qu'il ne
peut se resoudre à mourir ; Mais aussi nos interests sont grauez si auant
dás só sein, qu'il enuoye desia toutes ses pensees dans le tóbeau, pour
luy en preparer la place. De sorte
que só cœur genereux soufpire en
vn mesme inftát de deux differétes
paffiós de tristesse, en l'apprehéfion
de la mort, & de ioye, en l'asseuráce
de nous redóner la vie par sót refpas.

Que fera-t'il donc ? à quoy ce peut-il refoudre ? fon Ame met en employ toutes fes puiffances, pour luy perfuader de ne mourir point, & fon corps donne des langues à toutes fes veines, & à tous fes arteres, pour luy prefcher la mefme chofe. Ie vous laiffe à penfer de combien de maux ceft aymable Sauueur eft attaint, durant le temps que fa priere frappe à la porte des Cieux. D'vn autre cofté l'amour de fes creatures l'enchaine fi puiffamment, & l'attire auec tant d'effort fur le mont de Caluaire, qu'il eft contraint d'y enuoyer fes defirs par aduance, attendant qu'on y traine fon corps, pour paracheuer le facrifice de fa Paffion. Qu'elle fera donc à la fin de fa derniere entreprife ? La volonté de fon pere en doit prononcer l'arreft. C'eft le diuin Pole qui feul fait mouuoir l'eguille de fon cœur, & qui donne le branfle aux plus

nobles

nobles puissances de son ame. Et voicy l'Ange aussi qui vient de sa part
luy presenter le Calice de sa Passion,
O merueille inouye! dés lors que
l'Ange luy eut fait ce riche present,
& qu'il luy eut annoncé les agreables
nouuelles de son prochain trespas,
L'Amour qui estoit tousiours aux es-
coutes, & qui faisoit sentinelle du costé du Ciel, pour en voir descendre
cét Ambassadeur, vuide toute sa trou-
se dans le sein de mon Sauueur. Ie
veux dire qu'il ouure à coups de traits
toutes ses veines, & chasque fleche
fait vne playe nouuelle. De sorte que
sur le poinct, que la tristesse le tenoit
aux abois, pour le faire mourir de
douleur, il se sent mourir d'amour,
sans vouloir mourir pourtant, puis
que ce mesme amour luy prepare
des nouueaux supplices; Mais combien de mysteres nous cache cét a-
moureux prodige.

B

L'ame & le corps du Seigneur, eſtans malades d'vne maladie d'a-mour, par les regrets amoureux dont ils ſe trouuent eſgalement attaints à la veille de leur ſeparation, & de leur depart. La criſe d'vne ſueur d'eau & de ſang, vient tout à coup apporter le remede. Tellement que mon Sau-ueur ſe trouue guery de ceſte appre-henſion de la mort. Il n'a plus de paſ-ſion que pour reſſentir celle de ſes peines.

Vous voulez donc, ô Pere bien-ay-mé! luy diſoit-il ſelon mon opinion, que ie reſpáde mon Sang, vous voyez comme mes veines, auſſi obeiſſantes que mon cœur, ont rompu leurs por-tes pour vous complaire. Au meſme inſtant que vous m'auez fait annócer les nouuelles de ma mort, ie n'ay peu retenir ma vie, elle s'enfuit touſiours auec mon Sang vers le mont de Cal-uaire, où i'en dois rendre les abois. Et

auant que ie vous face ce dernier sacrifice de ma vie, ie vous offre celuy-
cy de mon amour, pour vous tesmoigner mon obeissance.

L'Ange n'eut pas plustost presenté
à ce doux Sauueur le Calice de sa Passion, de la part de son Pere, qu'il suë
Sang & eau. L'eau deuoit proceder de
la source des larmes que le corps auoit
produite, pour s'en seruir au depart
de son ame, mais voyant qu'elle estoit
resoluë à ceste separation, & que les
adieux estoient desia faits, il permet à
la Nature de respãdre cette eau, cóme
inutile à cét vsage. Le Sang deuoit ti-
rer sa source du cœur, comme du lieu
où le cóseil secret de le répandre auoit
esté tenu, & le Ciel en ayant desia fait
sóner l'heure, il en auoit laché la bóde.

O vnique Redempteur de mon
ame! de quel miracle d'amour estonnez vous d'abord, & nos sens, & nos
esprits sur ceste premiere marche de

l'eschelle de voſtre Paſſion. Faut il dõc
neceſſairement que nous croyõs que
vous nous aymez beaucoup plus que
vous ne vous aymez vous meſme? He!
en quel labyrinthe de vanité nous allez vous eſgarer? Car à quel prix met-
trons nous noſtre ſang, ſi le voſtre le
rachepte? Combien eſtimerons nous
noſtre vie, puis que vous mourez
pour l'exempter de la mort. Ne vous
eſtonnez plus maintenant, ſi animez
de l'arrogance des Geants, nous accu-
mulons montagne ſur montagne,
pour eſcheller le Ciel de voſtre Gloire, puis que voſtre amour nous a iugez dignes de l'acquerir au prix de vos
tourmens & de vos peines, dont le
merite eſt infiny.

Mais pardonnez nous, Seigneur,
l'audace de ces termes. L'eſtonnement de vos merueilles, rend nos langues participantes de la confuſion de
nos eſprits: car ſans mentir les hon-

neurs dont vous nous comblez, fur-
paſſent de beaucoup la force de nos
iugemens pour le comprendre. De
ſorte que nous en demeurerons dans
vn perpetuel ſilence, & moy dans s vn
continuel rauiſſement, ne ſçachant
que dire, ny que penſer ſur vn ſujet,
où mes paroles, & mes penſees ne
peuuent attaindre. Ie pourſuis mon
deſſein.

Beau Iardin que vos allees ſont
belles, puis que mon Sauueur en fait
ſon Oratoire; Que vos arbres ſont
bons, puis qu'ils portent ſi feconde-
ment les fruicts de la Grace: Que vos
fontaines ſont admirables, puis que
l'amour en eſt l'ouuriere: Que l'air
qu'on y reſpire doit eſtre doux, puis
que les Anges deſcédent du Ciel pour
en reſſentir les delices. O que voſtre
terre produira maintenant des belles
fleurs, puis qu'elle eſt arrouſee par
des liqueurs ſi celeſtes! Beau Iardin

dis-je encore, que voſtre nom d'Oli-
ue eſt admirable, puis que l'Oliuier
eſt le ſymbole de la paix. Ie ne m'e-
ſtonne plus ſi mon Sauueur en qualité d'Ambaſſadeur extraordinaire de
la Nature humaine, a voulu auoir
audience de ſon Pere Eternel dans
vos cabinets, à l'ombre de vos arbres,
puis qu'il y deuoit traitter la paix generale du Monde, & en ſigner les ar-
ticles de ſon Sang pour la rendre plus
aſſeuree.

De moy ie veux croire que l'eau
de la ſueur que noſtre Seigneur reſ-
pandit, produiſit des ſoucis, puis que
c'eſtoit l'eau de larmes. Et comme le
ſoucy regarde inceſſamment le Soleil,
le cœur de mon Sauueur qui eſtoit la
premiere ſource de ces pleurs, con-
temploit de meſme ſon Pere, ce diuin
Soleil de Iuſtice, afin que ſes actions &
ſes penſees, fuſſent continuellement
eſclairees de ſes rayons. Et pour ſon

precieux Sang, il ne pouuoit produire
que des roses, puis que mon Redempteur auoit besoin de leurs espines,
pour s'en faire vne Couronne, reser-
uant les roses à ses esleus.

Que mon cœur donc soit tousiours
dans les Soucis, ou que les Soucis soiét
tousiours dans mon cœur, puis que
les larmes de mon Sauueur les ont
fait naistre, & que comme le Soucy regarde continuellement ce bel Astre
du iour, que mon ame soit ceste fidele Clytie, & que de mesme elle contemple sans cesse ce diuin Soleil d'a-
mour, qui n'est point subjet aux Ecly-
pses. Que les Roses aussi d'oresnauant
soient les objets ordinaires de mes
yeux, puis que le Sãg de mó Seigneur
les ont produites, & que leurs espines
soient autát de lancettes qui percent
mes veines, afin que mon corps espu-
rant ses offences dans son Sang, comme dans vne fournaise, ie puisse auoir

part au merite de ce precieux Sang
que mon Createur a respandu, en expiation de mes crimes.

Ie reuiens à vous, ô doux Iesus!
mais en quel estat estes vous reduit?
vostre Corps pleure le Sang de tous
costez, l'on diroit à vous voir que vostre face est toute de feu; Et en effect
cela peut estre, puis que vostre cœur
est tout de flamme : car si vous estes
vne fournaise d'amour; est-ce merueille de vous voir jetter le feu de
toutes parts. Tant plus ie medite sur
les mysteres de vostre sueur sanglante, & plus i'y trouue de sujet d'admiration & d'estonnement tout ensemble. Voicy vne nouuelle verité que ie
descouure.

Vous souffrez maintenant en idee
tous les tourmens de vostre Passion;
& pourquoy, Seigneur, si ce n'est
pour reparer le crime de nos pensees?
De sorte qu'à cest effect vous donnez

l'art & l'induſtrie à voſtre imagination, pour forger tout les inſtrumens
de voſtre ſacrifice, & pour vous en
faire reſſentir toutes les douleurs;
mais auec tant d'effort, & tant de violence, que voſtre vie ſe va noyer dans
ſon ſang, ſi vous ne calmez l'orage
que voſtre amour a ſuſcité, ſur ceſte
mer rouge de voſtre ſueur. Pourquoy Seigneur ? Pourquoy voulez
vous ſouffrir tant de morts ? Ne ſça-
uez vous pas que vous eſtes mort autant de fois que vous auez reſpiré
l'air infecté de nos miſeres? Que vous
eſtes mort de froid dans la creiche,
de laſſitude dans les chemins, de
faim dans le deſert, & que vous mourez maintenant du regret de vous
voir trahy par vn de vos Apoſtres, &
abandonné de tous enſemble. Et non
content encore vous mourez à ceſte
heure en imagination, & en idee,
he ! quand ſerez vous las de mourir?

Vous voulez fauuer le monde en
mourant? Mais le monde fçait que
la moindre de ces morts que vous
auez foufferte, eft fuffifante pour fon
falut Donnez donc ceffe, à ces gennes,
dont voftre amour vous tirannife.
Mais que dis-ie? vos delices naiffent
de cefte tyrannie, voftre vie trouue
fon element dans ces morts, puis que
vous ne l'auez prife que pour mourir
continuellement. Faictes donc Seigneur s'il vous plaift, que ie meure
auec vous de la forte, & que d'oref-
nauant ie tire mes plaifirs, de mes
douleurs, & mes efbats de mes peines. Donnez moy la liberté s'il vous
plaift d'entrer dans ce beau Iardin, où
vous auez fait efclorre auec l'eau de
vos larmes, les foucis de voftre
trifteffe, & auec la fueur de voftre
Sang, les rofes de voftre amour, afin
que ie puiffe couronner mon cœur
des mefmes efpines dont vous vou-

lez couronner voftre tefte. Mais il me
femble que voftre fueur vous affoiblit.
O Magdelaine! où font maintenant
les riches torchons de vos cheueux,
pour effuyer, non pas les pieds, mais
la face de mon Redempteur.

Et vous, ô Vierge tres-pure, & tref-
faincte! s'il eft vray que part vn raport
d'affinité de voftre belle humeur, &
de voftre chafte inclination, auec les
adorables de voftre cher Fils, vous
ayez part à tous fes plaifirs, auffi bien
qu'à toutes fes peines; de quelle amou-
reufe inquietude deuez vo² eftre agitee maintenant, en la péfee de toutes
fes alarmes qui mettét en fueur & mó
Dieu, & mon Maiftre. Ie yeux croire
que vous fuez auffi bien que luy; mais
d'vne fueur differente : car il fuë le
Sang, & vous fuez l'eau de vos pleurs
pour nous donner de la pitié, n'e-
ftans point capables de voftre amour

Pleurez, pleurez donc, vos larmes ſont trop iuſtes, & trop belles, pour en ar-reſter ſi toſt la courſe.

Au meſme inſtant que l'Ange pre-ſenta le Calice à ce doux Ieſus, il le remplit du ſang de ſa ſueur, & beut à meſme temps, à la ſanté de la nature humaine; comme pour gage, & pour aſſeurance, qu'il accompliroit bien-toſt les promeſſes que ſes Prophetes luy auoient faictes de ſa part. Apres ceſte action ſi ſaincte, & ſi genereuſe, animé d'vn courage digne de luy, il vient retrouuer ſes Apoſtres endor-mis, & en les eſueillant encore, leur fait ceſte reproche de ne pouuoir veil-ler vne heure auec luy.

C'eſt à vous Courtiſans, que ces meſmes reproches s'adreſſent: Car au lieu de faire ſentinelle dans ce Iar-din, tandis que mon Sauueur acheue ce premier office de ſa Paſſion, où vous n'auez pas enuoyé ſeulement vne seule de vos pensees. Vous continuez la course ordinaire de vos debauches, chantant tousiours auec les Demons, de la joye qu'ils ont de voir le Fils de Dieu, trahy, vendu, & sur le point d'estre liuré entre les mains des bourreaux. O effroyable chant ! mille fois plus funeste que le croassement des Corbeaux. N'apprehendez vous point qu'vne nuict eternelle, succede à celle où vous respirez maintenant? Ou que ces mesmes Astres qui vous esclairent, se metamorphosent tout à coup en foudres, pour punir vos impietez ! De tout le monde ensemble il n'y a que les Scribes & les Pharisiens qui se resiouissent, dans le dessein qu'ils ont de faire mourir nostre Seigneur; Et ne puis-ie pas soustenir que vous trempez à leur trahison, & à leur perfidie, puis que vous participez à leur ioye, par vos chasons d'allegresse. O ames aussi noires que l'en-

fer: vous ne confiderez pas que le
bruit de vos inftrumens de mufique,
vous empefche d'oüir le tonnerre de
la iuftice diuine, qui gronde fur vos
teftes. De forte que tout en chantant
vous vous approchez de la mort,
mais d'vne mort de damnation eternelle; Et où eft cefte amour propre
qui vous poffede, fi abfolument? Vous
vous aymez auec tant de paffion , &
toutesfois par vne paffion contraire,
vous ne foufpirez que de la haine de
vous mefme, courât à perte d'haleine
dans les Enfers? En quelle confufion
ferez vous reduits au iour du Iugement, lors que ce mefme Sauueur,
dont vous fuyez l'abord auec tant de
mefpris, durant le regne de fes afflictions, & de fes fouffrances, vous re-
prochera en effect toutes ces chanfons de perfidie, que vous chantez
en figne d'allegreffe, à la veille de
fa mort.   Vous deuez bien iuger

que les feules abyfmes des Enfers feront capables de cacher voftre honte,
pour vn iamais : O cruel iamais ! que
les penfees de ton Eternité font de
dure digeftion!

Hommes du monde, fi vous confi-
deriez qu'é cefte mefme heure de vos
debauches, vn nombre infiny d'ames
deuotes font dás les Iardins facrez de
l'Eglife en action d'imiter noftre Seigneur fuant fang, & eau, comme luy,
quoy que d'vne maniere differente,
puis que leurs larmes produifent l'eau
de leur fueur, meflee auec le fang de
leurs difciplines. Ie veux croire : mais ie
ne fçay fi ie me trompe, que vous quit-
teriez vos luths à iamais, & que chan-
geant de perfonnage, vous viendriez
tenir voftre partie en ce diuin concert
de penitence, pour participer aux be-
nedictions dont le Ciel les cóble fans
ceffe, gueriffant par cette douce fueur,
toutes les maladies de leurs ames.

Suez, suez donc de la sorte, Courtisans, si vous desirez guerir de la maladie mortelle du peché, dont vous estes attaints, c'est l'vnique remede que i'y trouue. Nostre Sauueur ne meurt qu'afin de nous redóner ceste premiere vie de grace, que nostre premier pere auoit venduë pour vn morceau de pomme. C'est à nous maintenant de la conseruer: & si nous desirons la rendre eternelle, il faut necessairement boire dans le mesme Calice où Dieu a estanché sa soif. Et souuenez vous au moins de ceste faueur particuliere qu'il vous fait, de permettre que ce liure vous soit tombé entre les mains, pour vous en ramenteuoir la verité.

LE
BREVIERE
DES
COVRTISANS.

A PRIME.

CHAPITRE II.

Triſtis eſt anima mea yſque ad mortem.

Ovrtisans n'enten-
dez vous point la meſ-
me cloche de la parole du
Fils de Dieu, qui vous appelle encore à PRIME,
pour eſtre teſmoings en ce ſecond
Office de ſa Paſſion, de tous les tour-

C ij

mens, & de toutes les iniures que les Demons, & les Bourreaux esgale-ment enragez, ont resolu de luy faire souffrir. Et il me semble qu'vn bruit de cliquetis d'armes met déja en alar-me ses Disciples, & que ie voy Iudas, ce Capitaine des traistres, qui s'auan-ce effrontément, & qui porte ses levres impudiques sur l'Autel sacré du visage de son Maistre, pour luy pre-senter en offrande, vn baiser le plus desloyal qui ait esté iamais donné: O infidele Apostre! que fais-tu! Tu vends ton Sauueur, he! comment veux tu qu'il te rachepte? Tu l'estimes bien peu, & ton ame encore moins, puis que tout à la fois en le liurant aux Iuifs, tu té liures toy-mesme aux Diables. Tu ne le vends que trente deniers, & le moindre de ses cheueux dorez, vaut plus que tout l'or du monde; Que si l'auarice te commandoit ab-solument, que ne l'amenois-tu en pla-

ce marchande, pour le liurer selon les
formes ordinaires, au plus offrant &
dernier encherisseur, apres auoir declaré publiquemét les merueilles qu'il
auoit faites, sans autre instrument
que celuy de sa parole toute puissante.
Et si tu n'eusses peu vendre vn si riche
butin, les Anges sans doute, se fus-
sent faits marchands pour vne telle
conqueste. Mais perfide, tu n'estois
pas satisfait d'assouuir ton auarice?
Car tu l'eusses vendu à ses amis, pour
en auoir dauantage, plustost qu'à ses
ennemis. Tu voulois encore desal-
terer ta cruauté & ta rage, dans son
Sang innocent. O barbare ! les rochers trouuent quelque sorte de sentiment en leur insensibilité, pour
rendre vn hommage de respect & de
submission à leur Createur. Et ton
ame plus dure que ces rochers, cesse
d'estre animée pour cesser d'adorer
ce seul adorable parmy les hommes,

C iij

Et joignant encore l'impudence, l'ef-
fronterie, & la temerité à ta trahiſon,
tu portes tes levres profanes ſur la
bouche de celuy , dont les Seraphins
ne peuuent ſupporter les regards. La
Magdelaine s'eſt contentée de luy baiſer les pieds.Sainct Iean ce grand Prophete, ne croyoit pas eſtre digne ſeule-
lement de luy delier la couroye de ſes
ſouliers. Et toy, le plus infame qui fut
iamais, tu approches le fumier de ta
bouche puante , des levres toutes de
Roſes & de Lys, de mon Sauueur.I'ay
veu naiſtre pourtant des fleurs ſur vn
fumier. De ſorte que ſi tu te fuſſes ſeruy de la vertu de de ſon haleine, le vent
euſt produit dás ton ame quelque ſoucy de regret, & de repentir, de ton of-
fence.Mais au contraire meſpriſant cét
honneur tu t'es rendu indigne de la
grace qu'il pouuoit cauſer.

Courtiſans, combien de nouueaux
baiſers de trahiſon donnez vous à

noſtre Seigneurs, receuant d'vne bouche puante & infeſtée du peché, ſon
Corps precieux & adorable. Vous de-
teſtez Iudas en ſon infidelité, & vous
commettez auec luy le meſme crime:
Que dis-ie le meſme crime ? le voſtre
eſt bien plus effroyable encore : Car
Iudas n'a trahy qu'vne fois noſtre Seigneur , & vous le trahiſſez tous les
iours comme ſi vous tiriez vanité de voſtre perfidie. Il la vendu pour trente
deniers, & vous le vendrez pour rien,
le liurant de nouueau à la mort, par vos
offenſes mortelles.

Dés lors que le ſignal du baiſer
eſt donné, les bourreaux ne perdent
point temps. Chacun ſe met en
action de ioüer ſon perſonnage, faiſant à l'ennuy à qui trouuera plus d'inuention, pour enchainer eſtroicte-
ment ce doux Redempteur de mon
ame. L'vn luy jette vne corde au col
l'autre luy lie les bras , & les mains

Celuy-cy luy met les fers aux pieds,
& celuy là l'attache encore auec vne
nouuelle chaine. Ie ne fçaurois dire
maintenant, Seigneur, quel des deux
eft plus eftroittement lié, ou voftre
Cœur, ou voftre Corps. Toutesfois
l'amour a des liens que le temps ny
la mort ne peuuent rompre:Il eft donc
croyable que voftre cœur eft plus efclaue que voftre corps, puis que vous
emporterez dans la fepulture, les chaines de voftre amour.

En fuitte de toutes ces actions de
tyrannie, on en produit des nouuelles
de cruauté. Car ces bourreaux exer-
cent leur rage auec tant de fureur, fur
l'Humanité faincte de mon Seigneur
& Maiftre, qu'ils le mettent tout en
fang. Les vns d'vne main facrilege
luy arrachent les cheueux à poignees:
Les autres le font trefbucher à coups
de baftons:Ceux-là luy efgratignoient
le vifage, & ceux-cy à force de le

pouſſer à coups de pieds, le font
cheoir ſouuent dans la boüe. Et tout
cela ſe fait, Meſſieurs les Courtiſans, à
la meſme heure que vous danſez, &
que vous tenez le bal ouuert dans
vos Palais, & dans vos maiſons de
plaiſance.

Quelle folle Comedie, & quelle
ſanglante Tragedie, ſe joüe tout à la
fois ſur vn meſme theatre. Vous auez
les oreilles charmees de la douce melodie des violons, & celles de mon
Sauueur ne ſont battuës que du bruit
des coups qu'on luy donne. Vous
danſez de ioye & d'allegreſſe, au ſon
de ces agreables inſtrumens: Et mon
doux IESVS, renouuelle ſa ſueur du
Iardin des Oliues, à force de marcher
plus viſte qu'il ne peut, ſuant le ſang,
puis qu'il en eſt tout couuert, par vn
effort de laſſitude, qui luy fait touſiours ſeigner les playes, dont il eſt deſia chargé.

O espouuantable Tragedie ! mais plus effroyable encore la Comedie que vous joüez, Messieurs les Courtisans. Ne peut on pas soustenir qu'en ceste assemblee de bal, vous auez fait le complot auec les Scribes, & les Pharisiens, de mettre en Croix nostre Seigneur ? De mesme qu'en celle d'Herode le dessein fut pris de faire mourir sainct Iean Baptiste. En quels termes vous deffendrez vous de ces reproches au iour du Iugement ? Car les Iuifs tiennent le bal comme vous, & du plus petit, iusques au plus grand, tous ensemble dansent de ioye, aux nouuelles de la prise du Seigneur; que si vous faites la mesme chose, ne peut-on pas vous accuser iustement, & vous conuaincre encore auec plus de raison du mesme crime?

Vous dansez maintenant vne courante, & en cét instant on fait courre nostre Seigneur depuis vn bout de

ville iufques à lautre , & s'il perd la
mefure de fes grands pas, pour fe re-
pofer, on le remet en cadence à coups
de barres. Il vous prend enuie de dan-
fer vne gaillarde , & on fonne toufiours l'alarme aux oreilles de mon
Dieu, afin que fon ame foit inceffam-
ment comblee d'ennuy & de douleur,
iufques à la mort.

O diuin Redempteur ! que deuien-
drons nous à la fin , fi vous prenez vengeance de nos crimes ? Au mefme
temps que l'amour vous conduit fur
l'Autel , pour nous exempter du facrifice. Nous nous amufons à courtifer
ces Eues infideles ; cóme fi nous auions
deffein de les remercier de tous les
maux qu'elles vous font endurer : &
nous danfons encore auec elles, comme fi authorifant l'erreur de complai-
fance, de noftre premier Pere, nous
voulions commettre enfemble vne
nouuelle faute, pour vous faire mou-

rir vne feconde fois.

Pardon, Seigneur, pardon, puis que defia les threfors de vos graces font ouuerts, par l'ouuerture de vos playes. redonnez nous s'il vous plaift, les premiers traicts de voftre reffem-blance. Voftre miſericorde eft en fon regne, ſi la crainte nous afflige, l'ef-perance nous confole. Mais trom-peufe efperance en la continuation de nos crimes. Efperer la grace dans le continuel deffein de mal faire, c'eft blafphemer contre la miſericorde de Dieu, & attrifter par force fur nos te-ftes, les foudres de fa Iuftice. Prens garde à toy, Lecteur, car cefte verité heurte à ta porte.

Ces bourreaux menent noftre Sei-gneur chez Anne, qui par mefpris, le renuoye, fans l'interroger à Cayphe fon gendre. Ie vous laiffe à penfer fi les ruës de ce penible chemin fu-

rent arrousees du Sang de cét Ag-
.neau innocent , comme abandonné à la mercy des loups, qui depuis si long temps attendoient sa
proye. Le voyla deuant Cayphe
tout chargé de coups & de chaisne.
Ce Iuge aussi meschant que ses compagnons, estans complice du crime
de sa resolution , l'interroge effrontément , & luy demande s'il n'est
pas ce faux Prophete , qui iette parmy le peuple vne semence de faus-
se religion. Nostre Seigneur luy respond auecques sa douceur ordinaire:
[Qu'il auoit presché publiquement,
& que s'il doutoit de la verité de
sa doctrine , qu'il prist pour Iuges
tous ceux qui en auoient esté les
auditeurs.] A ces mots Malchus, l'in-
grat & le barbare qu'il est, donne vn
soufflet à son Dieu , à son Createur,
à son Sauueur ; & à son Medecin
tout ensemble ; mais d'vne main sa-

crilege armée d'vn gantelet de fer. Et
le coup en est lasché auec tant de fureur & tant de force, qu'il renuerse
par terre ce doux Seigneur, & luy fait
cracher le sang à gros boüillons.

O Ciel! comment croiray-ie que
tu as des foudres, puis qu'ils ne sont
pas allumez pour reduire en cendres
ce scelerat ? O terre! adiousteray ie
foy à la verité de tes abysmes, puis
qu'ils ne sont pas ouuerts pour engloutir ce perfide ? Et vous Anges &
Archanges qui gardez les traits de la
Iustice diuine, que ne les dardez vous
en foule sur la teste criminelle de ce
nouueau Caïn ? Thrones, souffrez
vous que vostre Majesté soit foulee
aux pieds ? Dominations, ne voyez
vous pas que le fondement de vostre
Empire est tombé en ruine ? Puissances, à quoy reseruez vous vos efforts,
apres vne telle iniure ? Vertus, vostre gloire est couuerte d'infamie, par

celle que voftre Dieu endure ; quel
fera voftre reffentiment? Cherubins,
ne voilez plus voftre face deuant ce
Sauueur, puis qu'au lieu de vous ef-
bloüir par fon efclat, il vous donne de
la compaffion par fes miferes? Et vous
Seraphins, qui foufpirez fans ceffe de
fon amour, ne changerez vous pas
maintenát de foufpirs, pour foufpirer
de la pitié de fes peines? Mais que dis-
je? O Ciel! tu n'as plus des foudres,
puis que mon Seigneur eft defcendu
en terre pour en efteindre la flamme
dans l'eau de fes pleurs. Terre, tu ne
peux ouurir tes abyfmes, puis que ton
Createur en porte les clefs penduës à
la ceinture. Et vous celeftes Efprits,
Anges & Archanges, vous n'auez garde d'élancer les traits de la Iuftice diuine, dont vous eftes gardiés, fur la tefte
de ce coulpable, puis que fon iniure
s'adreffe directement à la Mifericor-
de qui ne fçait que pardonner. Thro-

nes, il est vray que vostre Maiesté est foulee aux pieds, mais c'est pour rehausser son lustre par son humilité. Dominations, ie confesse que le fondement de vostre empire est en ruine ; mais c'est pour estre rebasty auecques plus de magnificence, Puissances, vos efforts sont inutiles contre ce criminel, puis que l'ombre de mon Sauueur, met son corps à l'abry. Vertus, quoy que vostre Gloire soit auiourd'huy pleine de honte, vostre patiéce vous seruira d'vn plus riche ornement, à l'exemple de mon Redempteur. Vous Cherubins, reprenez vostre voile ordinaire, puis que vostre diuin IESVS tire sa lumiere de sa confusion. Et vous Seraphins, souspipirez d'amour, plustost que de regret. en la contemplation de vostre Createur, puis que ses peines volontaires sont toutes amoureuses.

La Pitié toutesfois me touche le cœur ſi viuement, voyant mon doux Sauueur à terre, du coup de ce ſoufflet, que ſi mes larmes n'effaçoient ce que i'eſcris, ie pleurerois ſans ceſſe. Mais quels myſteres nous cache encore ceſte ſanglante verité? Adam dans le Paradis Terreſtre donne vn dementy au Pere Eternel, diſant dans ſon cœur qu'il ne mourroit pas, quoy qu'il mangeaſt du fruict deffendu. Et voicy le ſoufflet de ce dementy que ſon cher Fils ſouffre ſur la iouë. O effroyable iniure, & plus admirable patience,

Courtiſans, voyla vn beau miroir? toutesfois ſi vous vous y regardez dedans, vous ne nous y verrez pas, parce qu'il ne repreſente que les humbles, & vous portez ſur le viſage tous les traicts de l'arrogance. Il me ſemble que i'entens le bruit d'vn ſoufflet dans ce meſme bal

D

où vous estes, quelque nouueau Malchus frappe peut-estre vn innocent.
Mais quel desordre? tout le monde
met l'espee à la main pour venger cét
affront ; He ! que faites vous? Mon
Sauueur est encore renuersé par terre, du soufflet qu'on luy a donné, &
personne ne se met en estat de le venger, ou de luy tendre le bras seulement, pour le releuer. Et vous estes sur
le point de vous coupper la gorge, demandant satisfactió de l'injure qu'on
a fait à vn estranger. Adressons nous
encore à celuy qui a reçeu le coup. Ie
veux que ce soit vn homme d'honneur & de qualité, il n'a pas plus de
raison pour cela de se venger: Car s'il
met en auant cét honneur qu'il pro-
fesse, depuis si long temps, auec tant
de loüange & de reputation ; le veut-
il mettre en comparaison auec celuy
de mon Redempteur, dont le plus
petit esclat, s'il estoit opposé aux rayós

du Soleil, feroit éclypfer de honte
ce bel Aftre. Et voila fa premiere
confufion, qu'auec cét honneur
fi diuin, & fi fort intereffé, mon Sauueur demeure à terre foubs le faix de
fon infamie, fans porter les yeux fur
le front de fon ennemy, que pour en
adoucir la colere par fes pitoyables
regards, O bonté infinie! que tes
reproches feront juftes en ce dernier
jour, où la iuftice commencera fon
regne.

Courtifans, il ne faut point d'autres tefmoins pour vous conuaincre;
Qu'vn chacun mette la main fur fa
confcience, & qu'il confeffe puis qu'il
eft vray, que viuant à la mode, le Paradis eft imprenable, & l'Enfer ineui-
table.

Noftre Seigneur fe releue auec
beaucoup de peine, & d'vne bouche enflee & fanglante, ne dit autre
chofe à celuy qui l'auoit frappé, fi ce

n'eſt que s'il auoit mal parlé qu'il en
prouuaſt le mal,& que s'ilauoit dict la
verité , qu'il meritoit vn plus doux
traittement. Quelles paroles de miel
ſortent de ceſte celeſte Ruche?Ie veux
dire de la bouche de mon Dieu. Elle
eſt toute de ſang,& les diſcours qui en
ſortent ſont tous de laict. Il ſe plaint;
mais ſes plaintes ſont ſi humbles qu'ó
diroit qu'il preſente l'autre iouë,pour
receuoir vn ſecond ſoufflet.

Mon Sauueur, ſans mentir ie ne
ſçay ou i'en ſuis, quand ie conſidere
les merueilles de voſtre amour, les
prodiges de voſtre humilité , & les
miracles de voſtre patience. Tous ces
objects d'vne bonté infinie, me feroient perdre l'eſperance de mon ſalut, dans la cognoiſſance que i'ay de
ma malice.Si voſtre pure grace ne for-
tifioit mon eſprit; Car apres tout qui
vous peut imiter en quelqu'vne de
ces actions,ſi vous eſtes inimitable en

toutes chofes. On peut eftre humble,
il eft vray ; mais humble côme vous,
l'humilité mefme n'a efté formee que
furvoftre exéple. On peut eftre patiét,
mais patient côme vous eftes, c'eft vn
ouurage de voftre toute puifsáce. I'ay
medité quelquesfois fur les actiós de
voftre vie, & de voftre mort. Mais veritablement c'eft vn fi grád labyrinthe
deperfectiós toutes adorables, que ie
n'ofe penfer feulement d'y entrer, de
peur de me perdre en cefte feule penfee. Tout y eft plain d'eftónemét & de
merueille, mon efprit y demeure toufiours confus, mon iugemét troublé,
mes yeux efbloüis, & tous mes autres
fens tombét en foibleffe, par vn effort
de crainte & de rauiffemét tout enfé-
ble. Car fi ie vous adore dans la creiche couché fur le foin, parmy les be-
ftes, me voila d'abord hors de moy
mefme, ne pouuát cóprédre les miracles decefte foubmiffió:fi ievous réds

D iiij

les mesmes actions de respect, vous
voyant dans les deserts, où apres auoir
jeusné quaráte iours, vous estes pressé
de la faim: Ie me perds encore en l'admiration de ceste souffrance volon-
taire. Si ie continuë tousiours à vous
faire les mesmes sacrifices, dans le
Iardin d'Oliuet, où l'amour & la
crainte vous liurent vne si cruelle
guerre, que vous sortez du combat
tout chargé de lauriers, mais tout
couuert de sang; n'est-ce pas vn nouueau miracle de vostre bonté infinie,
qui met encore toutes les puissances
de mon ame en desordre, ne sçachant
que dire, ny que penser. Et maintenant quand ie vous contemple tout
couuert de crachats, ayant les mains
liees, & la corde au col. Où trouue-
ray-ie vn flambeau pour m'esclairer
dans l'obscurité de ces mysteres in-
comprehensibles de vos tourmens.
Il faut necessairement que ie me con-

tente d'admirer tout, dans ma foibleffe , d'adorer tout dans mon filence,
& ne pouuant marcher fur vos traces,
vous fuiure de loing comme fainct
Pierre.

Cét Apoftre tout plain de courage
en la prife de fonMaiftre, s'efcarte peu
à peu, & marche lentement, apres cefte trouppe de bourreaux, qui entrainent mõ Sauueur. Il paroit hardy dãs
le danger, & hors du peril, la crainte le
faifit, & ie m'imagine que fon cœur de
glace, communiquant fa froideur au
corps, le contraint de s'aller chauffer
dans la premiere maifon qu'il trouue,
où il n'eft pas pluftoft entré, qu'vne
fimple femme l'attaque, le combat,
& triomphe de luy tout à la fois, par
vn coup de langue : Car l'ayant in-
terrogé s'il eftoit de la compagnie
de cét homme de Nazareth, qu'on
amenoit en prifon, il refpond qu'il
ne le cognoiffoit pas, il affeure vne fe-

conde fois, & le souſtient pour la
troiſieſme. Et à l'oüye de ceſte ingratitude, le Cocq chante de pitié, &
eſueille la conſcience endormie de ce
Diſciple. Lequel à l'inſtant meſme, ſe
reſſouuenant de la prediction de ſon
mal-heur, force ſes yeux de produire
vne mer de larmes, où le vent de ſes
ſouſpirs excite vn tel orage, qu'on eut
dit que ſa vie cherchoit ſa ſepulture
dans ceſte eau.

Courtiſans, combien de fois reniez
vous auec S. Pierre noſtre Seigneur,
en parlant à ces Dames du monde?
Vous leur dites effrontément que
vous ne cognoiſſez point ce Dieu
qui punit les adulteres, les inceſtes,
& les fornications. Vous leur en faites des ſermens execrables. Et le Cocq
a beau chanter, vous dormez touſiours; ou ſi vous vous eſueillez, c'eſt
pour rire de voſtre peché, au lieu d'é
pleurer, à l'exemple de cét Apoſtre.

Mais ces ris se changeront vn iour en des larmes inutiles, & en des grince-mens de dents de mesme nature. Ie vous en donne la preuoyance, éuitez-en le mal-heur.

Cayphe ne sçachant quel pretex-te trouuer pour condamner mon doux Sauueur, l'interroge de nou-ueau, & luy commande de la part du Souuerain Createur du monde, de luy dire s'il estoit Fils de ce mesme Crea-teur. Iesus-Christ se voyant pressé de parler, puis qu'il y va de la gloire de son Pere qui est la sienne mesme, luy respond, *Tu dicis* Tu le dis, ie le con-fesse. A ces mots Cayphe en s'escriant se deschire le vestement au lieu de deschirer sa conscience criminelle à force de souspirs, & publie tout haut que cét homme a blasphemé, & qu'il ne faut point d'autres tesmoings, que ses paroles, pour l'accuser & pour le conuaincre.

Ha impie! tu prens la verité à tef-
moin de ta mefchanceté, pour condemner l'innocence. Tu luy demande fon nom, il te refpond qu'il s'appelle Tout-puiffant. Tu t'enquiers
de fa qualité. Il t'affeure qu'il n'en
porte point d'autre que celle de Fils
de Dieu, & de Sauueur tout enfemble. Et tu veux qu'il meure, parce
qu'il n'a point menty. O Iuge dete-
ftable! on deuroit couurir ton throf-
ne de la peau de ton corps, en expiation des crimes de ton ame: Comme
nous lifons dans les Hiftoires propha-
nes, d'vn de tes compagnons, qui en-
courut le mefme fupplice. Mais perfide, acheue, acheue d'ourdir la trame
de tes mefchancetez, l'Enfer fera ta
recompenfe.

Voila la refolution prife de faire
mourir ce doux Iefus, fur ce faux
pretexte qu'il a blafphemé, & attendant le iour du l'endemain, où l'on

doit executer cét Arreſt, apres auoir
conſulté vne derniere fois l'opinion
de Pilate, on laiſſe toute la nuict ceſte
Brebis au milieu de ces tigres. Ie vous
laiſſe à conſiderer de quels ſupplices
elle ſera martyriſee.

Cayphe ſe retire auec tous ceux
de l'aſſemblée, & noſtre Seigneur demeure à la compagnie des bourreaux,
qui le traittent à leur mode. Cela veut
dire auec tant de cruauté, que le recit
en eſmoüueroit les rochers de pitié.
Ie ne ſçay toutesfois ſi vos cœurs de
roche, ſeront touchez de quelque
ſentiment de compaſſion. L'vn commence de luy arracher les poils de la
barbe? l'autre luy ſerre ſi fort la corde qu'il a au col, qu'on diroit qu'il le
veut eſtrangler; Celuy-là le traine par
la ſale comme ſi c'eſtoit vn monceau
de fumier: Et celuy-cy luy crache au
viſage. Quel excez d'infamie! Il y en
a qui ont laiſſé des diſciples en ceſte

opinion que le Soleil auoit des ta-
ches sur sa belle face ; He qui ne le
croira maintenant, Seigneur, puis que
vostre beau visage tout rayonnant de
lumiere est taché de la noirceur de
mille crachats. On croit encore que
la Lune porte de mesme quelques
marques noires sur le front ; N'est-il
pas vray aussi, puis que vostre chere
Mere ceste Lune tousiours plaine de
perfection a la face couuerte du noir
de son affliction & de sa tristesse.

On exerce cependant toutes ces
cruautez, & mille nouuelles encore,
contre mon Redempteur, au mesme
temps & à la mesme heure que vous
dansez les bransles, Messieurs les
Courtisans, dans les assemblees de vos
bals. Vous dansez en troupe, pour
nous tesmoigner que vous auez beaucoup de compagnons en vos damna-
bles desseins ; helas Seigneur ! quel
branle different vous fait-on danser

dans ce Confiſtoire d'iniquité, & d'iniuſtice. Ces Barbares vous trainent de
tous coſtez, & quoy que vous vous
laiſſiez emporter aux mouuemens de
leur fureur, ils vous donnent des nouuelles leçons à coups de pieds, ayant
deſia laſſé leurs mains à vous battre
d'vne autre ſorte.

On vient danſer le Balet maintenant; mais qu'eſt-ce cy, il me ſemble
que c'eſt vn Balet de Iuifs habillez en
bourreaux, & que mon Sauueur eſt
de la partie, puis qu'il eſt maſqué, ie
veux dire voilé. Et chacun en cadence
le frappe à ſon tour, & d'vne langue
auſſi ſacrilege que la main, luy dit, qu'il
deuine en qualité de Prophete, quel
d'entr'eux a fait le coup.

O adorable Redépteur du Ciel & de
la terre dás quel nouuel abiſme de có-
fuſió allez vous engloutir mon eſprit
en cette penſee de voſtre aneantiſſement? Vous voulez donc ſeruir de

fable & de joüet à vos ennemis; He!
que deuiendray ie auec ma vanité &
mon arrogance, ne pouuant seulement souffrir que mes amis me gau-
cent? Vous faites toutes sortes de per-
sonnages: apres auoir representé en
ce premier acte de la Tragedie de vostre passió, le plus miserable hôme qui
fut iamais, vous assistez encore à la far-
ce pour leur complaire: Quel personnage plus vil & plus abject pourray-ie faire, Seigneur, pour vous donner du plaisir? Il y a tantost trente ans
que ie fais le personnage d'vn pe-
cheur; Que sera-ce de moy mon doux
Iesus, si à la fin de la Tragedie vous reprenez vos riches habits, pour representer le personnage du Dieu des
vengeances? Misericorde, misericorde: Car si le plus iuste tremble deuant vostre Iustice; de quel frisson seroit mon ame agitee, auec tous ses pechez.

Il est important de remarquer que les bourreaux voilerent nostre Seigneur, pour estre plus libres à luy faire toute sorte d'iniures, parce que son visage estoit animé de tant de Majesté & de tant de grace, que ne pouuant donner de l'amour aux cœurs de fer & de diamant, qui n'en estoient pas capables, il leur donnoit du respect & de la crainte : De sorte qu'ils luy coururirent la face d'vn voile.

Courtisans, toutes les fois que vous offensez Dieu en cachetes, vous luy voilez le visage ; mais c'est d'vn voile transparant : car il n'y a point des corps opaques que ses yeux de Lynx ne percent. Representez vous continuellement ceste verité, qu'il est tesmoin, aussi bien que Iuge de toutes vos actions, & vous changerez sans doute d'humeur & de courage, soit par respect, ou par crainte.

Apres que ces bourreaux se furent

joüez de noſtre Seigneur, iuſques à eſtre las de le tourmenter,& qu'ils eurent couru au Faquin contre luy, le prenant ſans doute, pour vn homme de bois, tant ils auoient deſchargé de coups ſur ſes eſpaules; ils l'enfermerent dãs le Cloaque du Palais de Cayphe, lieu deſtiné pour receptacle de toutes les ordures,attendant auec impatience,le lendemain comme le iour de ſa mort.

Que ne m'eſt-il maintenant permis,ô doux Sauueur! de balier ce lieu plein d'ordures auec ma langue, & de le lauer auec la derniere goute de mõ ſang : Mais que dis-ie? Ce n'eſt plus vn Cloaque puis que vous y eſtes, voſtre diuine preſence change la nature de ſes ſales objects. C'eſt pluſtoſt vn nouueau Paradis, où les Anges meſmes vous adorent auec leurs reſpects, & leurs ſubmiſſions ordinaires. De croire auſſi que vous ſoyez en

tene-

tenebres dás ce lieu plain d'obſcurité.
Le Soleil ne ſe peut iamais ſeparer de
ſa lumiere, parce qu'elle luy eſt eſſen-
tielle. Quelle apparéce donc, que vous
ſoyez entouré des ombres: vous dis-je
Seigneur, de qui ce bel Aſtre du iour
reçoit ſon eſclat & ſon luſtre; la raiſon
veritablement y contrarie. Mais voſtre amour nous apprend dans l'eſco-
le de voſtre Paſſion, que voſtre volonté tenoit enchainee voſtre puiſſance,
afin de boire toutes les amertumes
qu'on verſoit dans voſtre Calice , ô
nouueau prodige de bonté!

Quoy donc Seigneur, vous auez
voulu eſtre ietté ſur le fumier, comme
vn autre Iob; où me cacheray-ie de
honte, moy qui ne mé repoſe que ſur
des lits de fleurs ? vous voulez que la
pourriture & l'infection des ordures
d'vn Palais vous ſoit vne agreable offrande de myrrhe & d'encens. Ie palis
deſia de la crainte de vos foudres au

souuenir des parfums & des odeurs
dont mon corps est idolatre.

Courtisans, ie vous presente vne
copie de cét exploit d'assignation
qui m'a esté signifié, afin que vous
comparoissiez en ma place au iour du
Iugement, pour vous defendre des
mesmes offenses de vanité, dont j'ay
esté autresfois conuaincu, mais dont
ie suis maintenant absous, par la resolution que j'ay prise de ne les commettre plus auec l'ayde de Dieu. Tellement que c'est à vous à defendre
ceste cause, puis que ie n'y ay plus
d'interest.

Ie reuiens à vous, ô Vierge incomparable! & en effect vos douleurs sont
aussi sans comparaison, puis que vous
auez eu vostre moitié des tourmens
que vostre cher Fils a soufferts chez
Cayphe, & souffre encore dans sa prison. Tous les coups qu'on luy a donnez ont rejaly dans vostre chaste sein.

Si on a craché fur fa face il me femble que la voftre eft ternie des mefmes ordures , & maintenant qu'il eft
enchaifné dans la prifon , vos penfees
qui luy tienent vne fidelle compagnie , font efclaues auec luy. S'il pleure,
vos yeux font des fontaines ; S'il fouf-
pire voftre cœur eft l'Echo de fes foufpirs ; & s'il fe plaint , vos regrets frappent l'air, d'vn mefme ton de pitié.
Ce qui fait croire que quoy que fa
Paffion foit toute pour luy , l'amour
vous y fait trouuer voftre part, comme s'il y auoit deux croix & deux
morts à partager enfemble. Ie fçay
que l'amour aufli bien que la nature,
vnit vos cœurs fi eftroitement, qu'il eft
impoffible que le trefpas frappe l'vn,
fans toucher l'autre. De forte que ie
vous voy reduite, ô Reine des Vier-
ges, en mefme eftat que mon Sauueur , puis qu'vn mefme arreft vous
condamnera tous deux à la mort.

E ij

Courtisans represétez vous quelque-
fois la saleté du lieu où ces Fouriers
d'Enfer ont logé noſtre Seigneur.
Vous faictes voſtre demeure dans des
ſuperbes Palais & mon Ieſus n'a pour
retraicte qu'vn Cloaque. Vos cham-
bres eſclatent en or de toutes parts, &
celle de mon Dieu n'eſt tapiſſee que
de fumier. Vos licts ſont tous de ſoye,
& la couche de mon Sauueur eſt toute
de bouë. O eſpouuantable verité : car
à l'heure de la mort, comment vous
deffendrez vous cótre ce facheux ſouuenir de tant de delices dont vous aurez dorloté vos corps, à demy pourris.
Ce ne ſót point des fables. Vous voyez
en quel eſtat de miſere vos pechez ont
reduit ce diuin Redempteur. Mais vos
ames ſont bien plus miſerables encore, puis que les Demons les attendent
de pied ferme à la ſortie de ceſte mai-
ſon de vanité qu'elles tiennent à
loüage, afin de les conduire en Enfer

où ils ont desia marqué leurs logis?
Non pas pour vn iour, pour vn mois,
ou pour vn siecle, mais pour vne Eternité : O Eternité, Eternité que tes abismes sont profonds!

Considerez vn peu encore, hommes du siecle ceste verité, que durant
le temps de vos esbats, il y a vn nombre sans nóbre de Religieux qui sont
captifs, à l'exemple de nostre Sauueur,
dans la prison de leurs celules, ayant le
cœur enchaisné de son amour, & la
volonté esclaue sous les liens de leurs
Superieurs, celebrãt par ces glorieuses
actions de seruitude, la memoire de la
captiuité de leur Redempteur. Est-il
bien possible que parmy vne si grande
foule de souspirs profanes qui sortent
incessamment de vos cœurs, vous n'en
iettiez au vent quelque nouueau de la
compassion de vos propres miseres.
Estre informez de tout ce qui se passe
chez Cayphe, & sçauoir que le Re-

dempteurdu móde eſt enſeuely tout
viuant dás le tombeau d'vn Cloaque,
dont la puanteur eſt effroyable, ayant
touſiours la corde au col, les mains
liees, les pieds enchaiſnez , le viſage
couuert de crachats,& tout le reſte du
corps chargé de differêtes playes,ſans
autre eſperance que celle d'eſtre plus
cruellement traité le lendemain.Et au
lieu de vous laiſſer mourir de regret
par la ſeule imagination de tous ces
ſupplices qu'il endure.Cótinuer touſ-
jours vos ris & vos dances: helas!vous
ne prenez pas garde que tout en dan-
ſant, vous allez en Enfer , & que le
temps & le Diable vous y attirent à
pas meſurez, afin que vous ne ſortiez
iamais de cadence.Ie vous en aduertis
encore de la part de ce meſme Seigneur,que le peché de nos Peres tiennent en priſon , admirez ſa bonté, &
confeſſez voſtre malice.

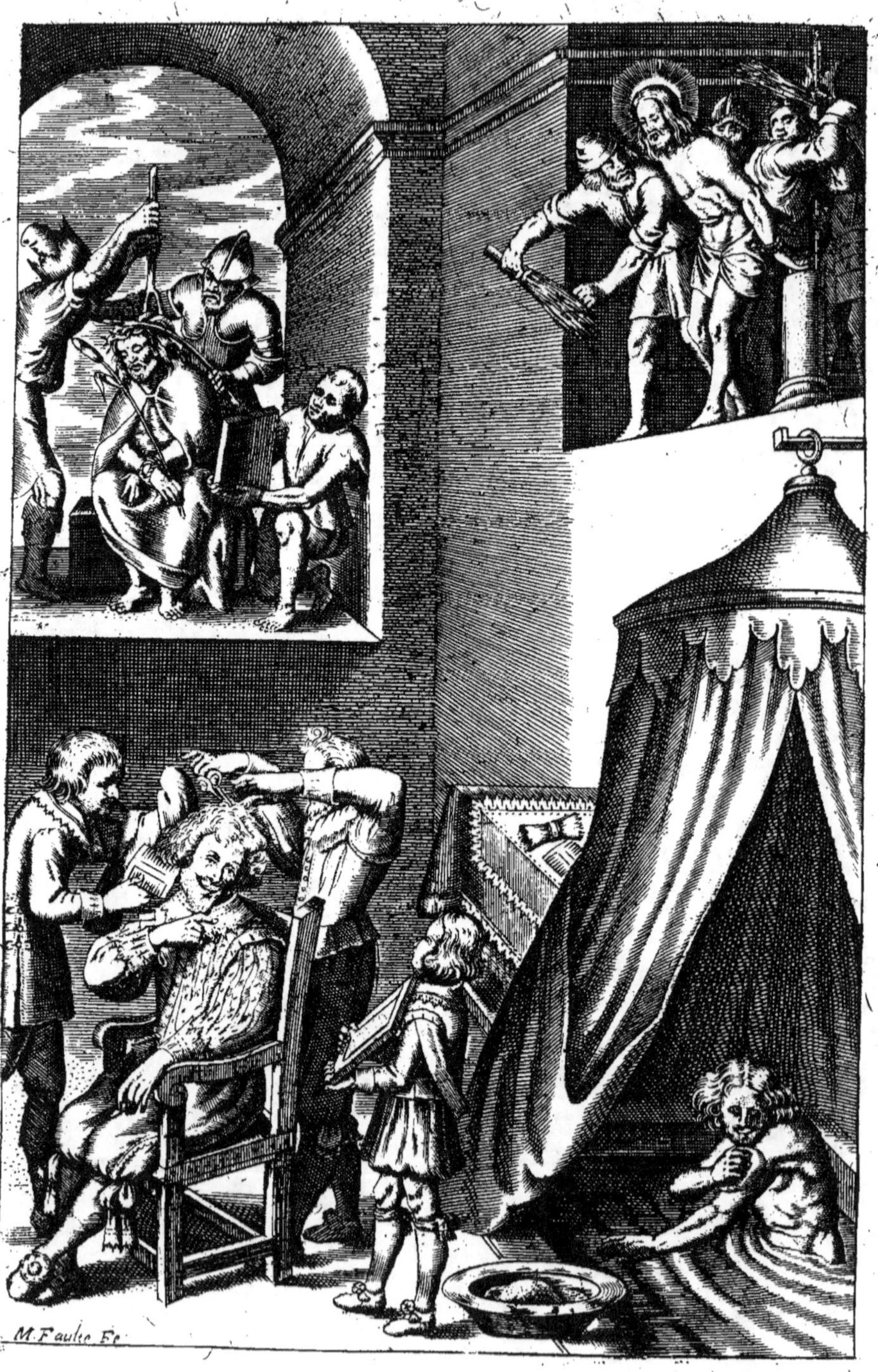
M. Faulc Fe

LE
BREVIERE
DES
COVRTISANS.

A TIERCE.

CHAPITRE III.

*Attendite & videte, si est dolor sicut
dolor meus.*

OVRTISANS, n'assiste-
rez vous point encore à
ce troisiesme Office de la
Passion, que mon Sau-
ueur va celebrer sur l'Au-
tel d'vne Colomne, où il doit répan-

dre de nouueau le plus pur sãg qui luy
reste apres tãt de playes, nõ pas par vne
sueur d'amour, mais plustost par vne
gresle de coups qui luy escorcherõt la
peau, qui luy perceront les veines, qui
luy rompront les nerfs, qui luy brise-
ront les arteres, & qui luy froisseront
les os? Que si vous refusez de porter
vos yeux & vos pensees à ce funeste
spectacle, prestez au moins vos oreilles au recit de toutes les cruautez qu'õ
a exercees contre ce doux Iesus.

L'Aurore triste & larmoyante, paroit le lendemain sur l'Emisphere de
Hierusalem ; & ses sombres rayons
perçant le voile des nuages qui l'entourent, annoncét la naissance du plus
beau iour qui fut iamais, & du plus
effroyable tout ensemble, puis que sa
lumiere quoy qu'esclatante de grace,
sorte du milieu des gresles, des esclairs,
& des foudres: Car ie voy son diuin
Soleil tout couuert de sang.

Ie veux dire qu'au plus matin, la Vierge, ceste triste & larmoyáte Auro-re, se fait voir das les ruës de Hierusalé, pour apprendre des nouuelles de son bien-aymé. Et ses regards, perçant le voile de cristal de ses larmes, presagent aux ames deuotes la naissance du iour de leur salut; Mais iour plain d'Esclairs, & de Foudres, puis que son cher Fils, qui en est le Soleil, sort tout fraichemét de la Mer Rouge de ses tourmés, où il auoit fait dresser sa couche sanglante.

Les Bourreaux ne sont pas plustost esueillez qu'ils vont ouurir le Ca-chot, où ils auoient enseuely mon Redempteur, & le trouuant ressusci-té, apres tant de morts qu'il auoit souffertes ils se mettent en action de luy arracher la vie du sein par des nouueaux supplices, & leurs esprits sont desia occupez en l'inuention des instrumens. Ils commencent à le trainer chez Pilate, lequel d'abord contrefait l'homme de bien , témoignant à son action qu'il a dessein de rendre Iustice à cét Innocent. Il l'interroge, & luy demande *s'il est le Roy des Iuifs.* Nostre Seigneur luy respond: *qu'il est Roy vrayment ; mais que son Royaume n'est pas de ce monde* He ! comment le peut-on croire ? ô doux Saueur ! Car ayant creé le Ciel & la terre, vostre Empire n'a point de limites. Et toutesfois l'amour luy en donne maintenant, puis que vostre Puissance adorable, est esclaue dans les mesmes liens qui assubjettissent vostre Corps. *Vostre Royaume n'est point de ce monde*, afin que Pilate ne craigne point en vous, vn nouueau Cesar, pour estre puny de l'iniustice qu'il peut commettre. *Vostre Royaume n'est pas de ce monde*, puis que vous y auez souffert la faim & la soif. *Vostre Royaume n'est pas de ce monde*, si la Couronne n'en appartient au plus miserable, dont

vous faites le personnage sur le Theatre de ce Pretoire. *Vostre Royaume n'est
pas de ce monde*, puis que vous n'auez
pour Sceptre qu'vn Roseau, & pour
Couronne que des espines. *Vostre
Royaume n'est pas de ce monde*, parce que
les grandeurs n'en sont que de vent,
& la gloire que de fumee: En fin *Vostre Royaume n'est pas de ce monde*, d'autant que vous y estes né, que vous y
auez vescu, & que vous y voulez mourir encore en subjet.

Pilate cependant admire tant de
douceur sur son visage, tant de grace
en son action, & tant de sagesse en ses
paroles, qu'il ne peut plus celer la verité qu'il a recognuë de son innocence. Il la publie tout haut, & soustient
que cét homme est faussement accu-
sé, puis qu'il est impossible de le conuaincre. Mais il me semble que la
crainte qu'il a de Cesar, l'empesche de
parler hardiment, & de dire que ceste

mefme perfonne qu'on tient pour coulpable eft la vraye Innocence , & qu'au lieu de l'immoler , elle merite des facrifices : Que fi on doute de fa Puiffance, qu'on prenne à tefmoing les morts qu'elle a reffufcitez : Si on ne peut adioufter foy à fa bonté , qu'on interroge les muets à qui elle a donné la parole , pour la publier. Et qu'en fin les fourds auroient recouuré l'ouye au fon de fa voix, & que l'efclat de fa feule prefence , auoit illuminé les aueugles.

Ha Pilate, fi tu euffes prefché tou-tes ces veritez qui t'eftoient fi appa-rantes, tu euffes impofé filence à ces langues de vipere , dont les coups en-uenimoient ton cœur par les oreil-les. Toutesfois on ne t'euft pas creu : Car fi tu euffe mis en auant que la pre-fence de mon Sauueur illuminoit les aueugles ; on t'euft peu repondre, & s'enquerir ; Pourquoy tu demeurois dans l'aueuglement de ton iniquité, deuant ce diuin Soleil de Iustice? Que si tu eusses soustenu encore, que les sourds auoient recouuré l'ouye au son de sa parole; Quelqu'vn t'eust peu reprocher ta malice, ne voulant pas guerir ton ame de la surdité où ses crimes l'ont reduite par le remede de ceste voix diuine qui resonnoit si souuent à tes oreilles. De maniere que ta crainte, quoy que criminelle t'est en quelque façon vtile.

Pilate ne sçachant par quel moyen se reculer en cette affaire, où il ne vouloit point estre Iuge ; enuoye ce doux Sauueur à Herode, qui en fut extremement aise, comme curieux de voir celuy dont la naissance auoit cousté tant de morts, suiuant le cruel arrest que son Pere en auoit prononcé contre les Innocens.

Ce Prince s'informe à nostre Seigneur de son nom, de sa qualité, & de

ſes actions, & luy dit encore qu'il a
oüy parler de tous les miracles qu'il a
faits,& qu'il en eſt vn des admirateurs.
Ce doux Ieſus ne reſpond point à tous
ces diſcours : Mais choſe eſtrange, en
voulant cacher la verité de ſa grandeur par ſon ſilence , il en fait paroiſtre les merueilles par ſon humilité. O
diuin Redempteur ! vos oreilles ne ſe
plaiſent pas d'oüir le recit des miracles que vous auez faits, & vos actions
ſont toutes miraculeuſes. Vous ne
pouuez ſouffrir les loüanges qu'on
vous donne, & le refus que vous en
faictes , auec voſtre grace ordinaire,
vous rend ſi loüable , qu'on ne ſçait
comment dire pour vous loüer dignement.

Herode importune touſiours mon
Sauueur de luy reſpondre, & le prie
de faire quelque nouueau miracle,
auec promeſſe de croire en luy , & de
luy donner pour preſent, ſon Sceptre.
                 & ſa

& ſa Couronne. Mais ſes prieres ne ſont point exaucées; quels diuins miſteres nous cache encore ce ſilence ? *La Parole* eſt ſans voix. Ce doux Ieſus ſe tait , apres auoir fait parler les muets, comme s'il craignoit en parlât de conuaincre ceux qui l'accuſent. Herode le peut ſauuer , il eſt vray ; mais la qualité qu'il porte de Sauueur, luy eſt mille fois plus chere que la vie. D'ailleurs il faut neceſſairement qu'il meure, puis que ſon Innocence tient lieu de crime.

Ce Roy luy demande des miracles, & il ne conſidere pas que ſon ſilence eſt tout miraculeux. Que s'il deſiroit toutesfois contenter ſa curioſité, que ne le prioit-il de faire le Miracle de ſa Conuerſion, le metamorphoſant de beſte en homme, & en homme iuſte, & raiſonnable ? Il croyoit tenter ce Seigneur en luy offrant vn ſceptre de bois pourry, & vne Couronne de terre

doree. A luy, dis-je, qui difpofoit fou-
uerainement des Empires & des Roy-
aumes. Pauure abufé, il offroit fes Grā-
deurs & fes Richeffes à vne perfonne
à qui elles appartenoient en propre, au
lieu de luy faire prefent de fon ame,
comme d'vne chofe dont il pouuoit
difpofer abfolument. Ie plaints fon
malheur, mais ie condamne fa malice.

Herode, picqué au vif du filence de
noftre Seigneur, le renuoye à Pilate,
apres l'auoir fait veftir par rifee d'vne
Robbe blanche, comme fi c'eftoit vn
fol; quelle merueille pourtant reluit
en cefte action de mefpris? On pare
l'innocent des liurees de l'Innocence;
& l'on dóne à la Pureté fes plus richcs
habits; Seigneur comment croiray-ie
que le Ciel eft bleu, puis que vous
eftes tout blanc? On tient auffi que
l'Aftre du iour n'eft paré que de lumiere; Et ie vous voy, Beau Soleil, auec
d'autre Ornemens. Ce qui m'eftonne

encore dauantage , c'est que vostre
Prophete nous asseure que vous estes
vermeil comme la Rose ; & toutesfois
vous estes blanc comme le Lis ; Sans
mentir le mystere en est beau:car vous
estes blanc comme le Lys dans ceste
valee de souffrance , puis que vous estes vn *Lis de valee* : Et tantost sur la
montagne vous serez vermeil comme
la Rose , puis que vous estes vne Rose
de montagne , toute entouree d'espines: O adorable merueille *!*

Courtisans, vous n'auez garde de
porter le blanc de l'innocence , comme mon Sauueur. Vous aymez mieux
le bleu , pour marque de la fidelité
que vous auez voüée au Monde , puis
que c'est la couleur des fideles. Vous
cherissez l'incarnat , ceste couleur d'a-
mour , estant passionément amoureux
de la vanité que vous professez. Le
verd ne vous est point desagreable,
dans l'esperance de posseder tous ces

biens faux & imaginaires, dont vous
estes Idolatres.   Le iaune vous plaist
bien aussi, pour tesmoigner les plaisirs dont vous ioüyssez : Mais quelles
couleurs porterez-vous le iour de vostre trespas ? Ie crains que vous ne
soyez tous couuerts d'orengé , dans
le desespoir de vostre salut , & que
vos visages bleus-mourant , comme
mourant fideles au monde, ne fassent
porter le noir à vos ames pour vn
iamais.

Ie voudrois bien sçauoir encore,
qu'est-ce que vous respondrez à nostre Seigneur , au iour du iugement,
lors qu'il vous demandera compte de
ceste belle Robbe blanche, qu'il vous a
donnée au sortir des fontaines du
baptesme? Ne serez-vous pas honteux
de luy dire que vous l'auez troquée
auec le diable, & que vous auez pris
en eschange ceste noire de couleur de
peché mortel, dont vostre ame est

couuerte ? Arreſtez vn peu vos Eſprits
en la conſideration de ces diſcours,
puis qu'ils vous touchent de ſi pres,
tandis que ie ſuiuay mon chemin
pour rencontrer noſtre Sauueur.

Le voicy qu'on ramene encore chez
Pilate : & ce faux Iuge fait ſemblant
de n'en eſtre pas bien aiſe, ſe voyant
contraint , par intereſt de fortune,
de condamner cet Innocent à la
mort.   Il s'efforce toutesfois de perſuader aux Iuifs,que cét homme n'eſt
point coulpable ; & par vne nouuelle inuention , il fait deſſein de le
ſauuer. La couſtume eſtoit de deli-
urer vn priſonnier toutes les Feſtes de
Paſques. Il donne donc le choix aux
Iuifs de Barabas , & de noſtre Seigneur, quel crime? Il met en compa-
raiſon vn voleur, & vn aſſaſſin , auec
le Fils de Dieu : comme ſi ces extremi-
tez ſi eſloignées ſe pouuoient ioindre,
la Terre auec le Ciel ,ou pour mieux

dire l'Enfer auec le Paradis. Ha ie
decouure le fecret ! Barabas eſt cet
Adam, ce voleur du fruict de vie, &
cet aſſaſſin de toute ſa race, & le voila
en preſence de la Iuſtice diuine auec
Ieſus Chriſt. Le Coulpable eſt abſous,
& l'Innocent porte la peine. Adam eſt
exilé aux lymbes pour quelques an-
nées, & mon Ieſus eſt condamné à
la mort. Ie veux dire que Barabas eſt
banny hors de Hieruſalem, & mon
Sauueur hors du monde ; mais ce ne
ſera que pour trois iours, en deſpit du
Iuge deteſtable qui en doit prononcer
l'arreſt.

Courtiſans, ne vous ſemble-t'il pas
que les Iuifs ont exercé vne cruauté
inoüye, & ſans exemple, en ceſte
action particuliere de preferer Barabas, cet inſigne voleur, à mon Ieſus
tout Innocent, & tout Iuſte ? Mais
que direz vous ſi l'on vous conuainc
du meſme crime enuers ce meſme

Sauueur. Car combien de fois preferez vous le seruice du monde, ce voleur, & cét assassin, à celuy de Dieu, dont la bonté est infinie. Quand il s'agit de l'interest de l'vn ou de l'autre, vous criez auec les Iuifs, que vous estes pour Barabas, ie veux dire pour le monde. Et par ces actions de perfidie, il ne tient pas à vous, que ce doux Redépteur ne meure encore vne fois, puis que vos nouuelles offenses luy preparét de nouueaux suplices. Ie m'imagine que vous changerez de ton & de voix à l'heure de la mort ; mais il ne sera plus temps : car apres auoir suiuy le monde auec Barabas, vous trouuerez l'éfer au bout de vostre carriere : Ie vous en laisse la meditation.

Pilate est bien estonné d'entédre les cris de ceste populace enragée, qui demande le sang de cét homme Iuste. Il se resoud pourtant de leur en donner vne partie ; & à cét effect il

condamne mon Sauueur à estre flagellé à la discretion des Bourreaux:
O inique sentence, & mille fois plus
meschant encore le Iuge qui l'a pro-
noncee ! Vit - on iamais rien de plus
inhumain que de liurer vn homme
entre les mains de ses ennemis ? & où
sont les loix qui en authorisent l'arrest? Voila à quoy se terminent toutes ces fauces apparences de bonté, &
de justice , dont ce detestable Presi-
dent couuroit & ses paroles , & ses
actions. Il tenoit pour l'Innocence, &
toutesfois il condamne l'Innocent.
Il ne trouuoit rien de reprochable en
cét homme, & pourtant il le fait punir comme s'il estoit criminel. Ce
n'est pas qu'il desire sa mort ; mais il
expose sa vie au danger de mille morts
plus cruelles que la mort mesme. Il
faisoit conscience de voir respandre
le sang de l'Innocent, & il permet aux
Bourreaux d'ouurir à coups de foüets

toutes ſes veines. Ha Pilate que ce ſang te couſtera bien cher!

Les Bourreaux qui eſtoient aux aguets & aux eſcoutes pour oüir prononcer cet arreſt, ſe ſaiſiſſent de ce doux Sauueur, & l'entrainent dans vn lieu deſtiné à donner la gehenne aux criminels, & à l'inſtant meſme le deſpoüillent à nud, & luy attachent les mains à vne Colomne.

Mais il me ſemble pourtant, mon diuin Redempteur, que vous n'auez pas encore quitté voſtre Robbe blanche, puis que vous eſtes plus blanc que iamais. Beaux Aſtres cachez-vous de honte, en preſence de ces chaſtes merueilles. Toutesfois leur eſclat eſt aſſez puiſſant pour vous ſeruir de voile, contemplez-les hardiment auec vos yeux ialoux, on ne vous verra pas. Si faut-il que ie die ceſte verité: Que le Soleil ayant mille & mille fois parcouru les ronds eſpaces de ſa carriere

pour treuuer vn miroir capable de
representer sa beauté, il estoit encore
en la mesme peine. Mais voicy vne
glace miraculeuse, de Lis, de Neige,
& d'Albastre, qui le represente au naturel. Car ie voy que cét Astre se mi-
re dans ce beau Corps de mon Sauueur, où il se contemple auec les
mesmes rayons qui l'enuironnent,
auec tous les esclats qui le parent, &
auec les doux brillans qui entourent
sa teste. De sorte qu'on diroit qu'il
est nuict par tout, fors que dans ce
lieu, où le Soleil en se regardant dans
sa source deuient amoureux de luy-
mesme, comme vn autre Narcisse;
Mais voulez-vous voir son naufrage,
ie veux dire son Eclypse? Imaginez-
vous que mon Sauueur, ne pouuant
plus retenir son sang, que l'amour
faisoit des-ja bondir dans ses veines,
tourne tant soit peu ce miroir de son
Corps du costé de sa Diuinité, & à

mesme temps ceste glace produit des
rayons si eclatans, que le Soleil en
demeure offusqué ; & dans son es-
bloüyssement, il est contraint de paracheuer sa course. Mais la fin de toutes ces merueilles, est le commence-
ment de ces cruautez, dont le recit a-
molira sans doute les plus barbares.

Apres que les Bourreaux eurent
appresté leurs foüets de corde, leurs
chaines de fer, & leurs verges à ronces ; Deux des plus inhumains gai-
gnent le deuant & la presceance, pour
representer le premier acte d'vne
nouuelle Tragedie, & sans perdre
temps deschargent le pesant fardeau
de leur fureur, & de leur rage, sur le
Corps sacré de mon Redempteur :
Chasque coup fait vne playe, chasque playe produit vne fontaine de
sang : Et les coups estants redoublez
à tous momens, on ne voit que des
nouuelles playes , & des nouueaux

ruiſſeaux. Et en fin comme les coups
ſont ſans nombre,on ne peut de meſme compter les playes,& ces fontaines
& ces ruiſſeaux de ſang font enſemble vne mer.

Ha Seigneur!accordez-moy ceſte
grace,de me pouuoir ſauuer à la nage
dans ceſte mer, puis que ie ne trouue
point d'abry ſur la terre contre les
foudres de voſtre Iuſtice. Ie tremble
de peur,ie friſſonne d'eſtónement, &
ie meurs d'effroy en la conſideration
de ma malice , & de voſtre bonté.
Quoy , vous conſeruez ſi cherement
mon ſang tout bruſlé par le feu de
mes paſſions , & vous reſpandez le
voſtre ſi pur , & ſi precieux auec tant
de prodigalité , que la terre en eſt toute couuerte.   Helas ! de quelque coſté que ie me tourne,ie voy les abyſmes ouuerts pour m'engloutir : Car
comment entreray-ie dans voſtre Paradis , ſi vous en ouurez vous-meſ-

me la porte auec la clef de voſtre
Croix ? Vous ſouffrez qu'on decou-
pe voſtre chair ſacrée à lambeaux ,
pour eſpargner la mienne toute noire
de peché, & toute puante de pourriture. O doux Sauueur ! ſauuez-moy
à quel prix que ce ſoit ; s'il faut eſtre
eſcorché tout vif , i'en ſuis content,
puis qu'auſſi bien ma peau ne vaut
rien : S'il eſt neceſſaire de noyer ma
vie dans mon ſang, donnez-moy ſeulement le temps , s'il vous plaiſt, de
l'eſpurer, afin que le naufrage en ſoit
plus glorieux. Si ma teſte doit eſtre
couronnée d'eſpines , il y a plus de
gloire que de douleur, puis que vous
eſtes mon exemple. Et d'ailleurs mon
corps ne peut refuſer les eſpines, dont
mon ame a cueilly les Roſes. Faut-il
eſtre cloüé à voſtre Croix ? ie m'en-
nuye des-ia en l'attente de rendre les
abois ſur vne belle couche. Et ie
vous ſupplie de croire, que ſi ma vo-

lonté eſtoit toute puiſſante pour vn
moment, celuy-cy où ie reſpire ſeroit
le dernier de ma vie : Car ie mourois
ſans doute de voſtre amour ſur l'autel amoureux de la Croix. Et afin que
l'ardeur de mon zele ſupplée au deffaut de mon pouuoir, liſez-en s'il vous
plaiſt la verité dans mon cœur, puis
que les cabinets vous en ſont ouuerts.
Mais tous ces diſcours, & tous ces
ſouhaits n'empeſchent pas que vous
ne ſoyez tourmenté iuſques au mourir : car vous en mouriez ſans doute,
ſi vous n'auiez fait deſſein d'endurer
encore vn nombre infiny de nouuelles morts.

Ces deux premiers bourreaux a-
uoient des-ja laſſe leurs corps à gehenner celuy de mon Sauueur. Ils auoient
employé toute leur force à luy faire
reprendre tout ſon ſang, & ils auoient
perdu l'haleine en ce deſſein de luy
faire perdre la vie. Les foüets de cor-

de, touchez de quelque secret sentiment de pitié, s'estoient rompus, & les cœurs de chair de ces Barbares demeurent en leur entier, & mon Redempteur le souffre pour souffrir dauantage, sçachant que leur compassion ne peut compátir auec son amour. Voyons au trauers de nos larmes, le second acte de ceste nouuelle Tragedie.

Deux autres Bourreaux, egalement alterez du sang de cét *Homme Iuste*, viennent à leur rang, armez de chaines, & tous deux sur vn mesme ton de fureur, frappent en cadance ce bon Iesus ; mais auec tant d'effort, que chasque coup espuise vne veine. Et apres que le sang en est respandu, les coups renouuellez en brisent les vaisseaux. Et comme la Rage les anime à faire de plus grandes breches, estant tousiours en action, & en exercices, ils batent en ruine ce Corps tout adorable : Car tantost ils en rompent les nerfs, & d'vn mesme coup ils en écrasent les arteres, puis d'vn dernier effort, ils en froissent les os.

Courtisans, que dites-vous au recit de toutes ces cruautez d'Enfer ? Mais plustost quel est vostre ressentiment en la seule pensee de ces supplices incognus & inoüis, dont l'Humanité Saincte de mon Sauueur est bourrelee ? Vous voyez comme le peché de vostre chair a deuoré la sienne iusques aux os. Vous-vous baignez dans des fontaines d'eau de senteur, & mon Iesus dans les ruisseaux de son sang, ou plustost dans la mer. Vous parez richement vos corps & de lin, & de soye, & l'on escorche celuy de mon Sauueur, luy arrachant l'habit de sa peau, pour voir palpiter ses entrailles. Vous prenez plaisir d'engraisser ceste mesme carcasse puante, & mon Redempteur apres auoir donné toute sa chair,

chair, & tout son sang, il attend encore auec impatice les autres bourreaux, pour repaistre leur furie de la
moëlle de ses os. Si l'on vous pique
d'vne espingle, vous envenez iusques
à la cholere, de la cholere aux blasphemes, & des blaphemes souuent
à la vengeance. Et mon diuin Iesvs
a des-ja digeré le premier mets de
cordes, qu'ō luy à presété en ce sanglant festin: Et du second des chaisnes, il en nourrit son amoureuse enuie, sans ouurir la bouche que pour
souspirer de la pitié de ces ames cri-
mineles, qui bourellent son Corps.
Vn regard vous offence, vne parole
de raillerie seulement met vos esprits
en desordre. Et ie contemple mon a-
dorable Sauueur baffoué, enchaisné,
& battu iusques au poinct d'agoniser
dans les douleurs qui tiennent son
cœur & son ame à la gehéne Si l'ō re-
spand sans y penser vne goutte d'hui-

G

le sur vos beaux habits, ou si l'on fait
rejalir dessus vn peu de boüe: Vous
voila aux iniures, de là, aux dementis,
& des dementis, sur le pré, pour vous
couper la gorge. Et mon Createur
voit d'vn œil sec respandre son sang,
& d'vn mesme œil vous regardez encore effrontement son beau visage
tout couuert de la boüe des crachats;
Quelle honte vous sera-ce? en quelle
confusion serez vous reduits ? & de
cóbien d'inutiles regrets aurez vous
le cœur blessé & l'ame atteinte en
cest effroyable moment, où il faudra
rendre compte de tous ceux qui l'au-
ront deuancé? Veritablement ie ne
sçay de quelle trempe sont vos esprits: mais il faut que ie confesse que
toutes les fois que ie pense à ce dernier instant! qui doit presider à mon
repos eternel, ou à ma perte, de mesme nature, le sang me gele dans les
veines, par vn frisson de peur, & d'ef-

froy, qui met toutes les puissances de
mon ame en alarme ; ie ne sçay où i'É
suis, tout me deplait, & si ie pouuois
fuir loing de moy-mesme ie serois
tousiours à la compagnie des douces
pensees de la mort, dont ie vous ay
fait present : Car apres tout il en faut
venir là. Vostre bonne mine, vostre
riche taille, vostre reputation, vostre
grandeur, vostre bel esprit, & toutes
vos richesses ensemble ne vous exé-
pteront point du trespas. Il faut en-
fin arriuer au lieu, d'où l'on s'appro-
che continuellement. Vous mourez
sans cesse, & le vent de vostre haleine, qui est l'horloge de vostre vie,
vous en marque les momens à tous
momens ; afin que vous sçachiez à
toute heure, quelle heure il est, pour
n'estre pas surpris du temps, qui va si
viste. Ie vous donne encore cet ad-
uertissement.

Ces forgerons d'enfer estant enco-

re laſſez de battre ſur cette enclume,
auec les marteaux de leurs chaiſnes,
leur fureur s'augmente, à meſure que
la force leur deffaut: car ils voudroiēt
remporter le prix ſur leurs compagnons, en reduiſant mon doux Sauueur aux derniers abois par l'induſtrie de leur cruauté. O admirable a-
mour! que tes merueilles m'eſtonnēt.
Ce diuin Redempteur ne ſe laſſe
point de ſouffrir, & ces bourreaux ſōt
laſſez de le tourmenter; Quel eſt voſtre deſſein Seigneur? quelque parfai-
te que ſoit voſtre Nature, il faut en
fin qu'elle ſuccombe ſous la greſle de
tant de coups. Vous n'auez plus de
peau, & moins encore de ſang, puis
que toutes vos veines ſont en pieces,
vos nerfs rompus, & vos arteres bri-
ſez: Que vous reſte-t'il encore pour
auoir tant de courage? peut eſtre
vn peu de moëlle. Mais voicy des
chiens enragez, qui viennent rou-

ger les os, de la chair qu'ils ont de -
uorée.

Deux autres bourreaux se presentent à leur tour, pour s'efforcer d'emporter la victoire par la deffaicte de
mon Iesvs. Et de l'enuie venant aux
effects, ils emploient leurs premiers
efforts en ceste entreprise. Les instrumens dont ils se seruent ne sont plus
de corde ny de fer, parce que les cordes se rompent, & que le fer meurtrit
la chair seulement, sans faire de grandes playes. De maniere qu'ils choisis-
sent des longues verges à ronces, dót
ils luy percent les os: O Dieu de Bonté, & de Patience ! Auec combien de
differétes chaisnes nous attirez vous
à vous ? Car apres vous estre redeua-
bles de la Creation, & de ce dessein
de Prescience, où de toute Eternité
nostre Redéption a esté determinée,
vous estes descendu en terre pour en
ressentir toutes les miseres, sás autre

raiſon que celle de voſtre pure volõ-
té, & ſans autre volonté, que celle de
voſtre amour, & non contét encore,
vous nous marquez les traces du chemin du Ciel, à la veille de voſtre depart auec tout le ſang de vos veines,
afin que nous ne puiſſions pas nous
égarer que par malice, que faut-il faire, Seigneur, en recognoiſſáce de tant
de biéfaicts? de vous loüer inceſſamment, les termes nous manquent: De
vous preſenter des larmes, nous n'en
auons pas aſſez pour pleurer nos pechez, & pour noſtre ſang, il appartiét
à voſtre ſeule Iuſtice en expiation de
nos crimes. Faictes dõc en nous, Seigneur, tout ce qu'il vous plaira digne
de vous, puis que la ſeule volonté que
nous auons de vous remercier de tát
de faueurs, eſt vn ouurage de ceſte
meſme Bõté, qui nous les a ſi prodi-
galement departies. Allez plus auát,
ſi ce chemin vous plaiſt.

Ces Bourreaux recouurent des
nouuelles forces de la foiblesse de
mon Redempteur : Car croyant à
chasque coup qu'ils luy donnent de
luy arracher le dernier souspir des entrailles, ils rassemblent toute leur vi-
gueur en leur action. Mais c'est en
vain , l'amour de	mon Iesvs,
soustient elle seule dans son cœur
tout l'effort de ces cruelles attaques;
Ie dis dans son cœur, parce qu'on
l'a chassee des veines , des nerfs des
arteres, & des os. Tellement qu'elle
n'a poït d'autre retraitte que ce cœur
genereux, d'où elle resiste puissam-
ment contre tous ses ennemis. La
nature foible & desarmee a beau
perdre courage : Cet amour, toufiours inuincible, luy redonne à tous
momens des nouuelles forces pour
triompher de ses vainqueurs. Mais
durant cette sanglante guerre , de la
Cruauté contre l'Amour. En quel

eſtat vous voy je reduit, mon doux
Sauueur?

Peut-eſtre on s'eſt eſtonné dequoy
i'ay mis en auant que le Soleil s'eſtoit
miré dans vne glace de Lis, de Neige,
& d'Albaſtre, figurée par le Corps de
mon Redempteur ; qu'on ne s'en
eſtonne plus : Car comme le Lis ſe
fletrit, ceſte Glace s'eſt fletrie: comme
la Neige ſe font, ceſte Glace s'eſt fon-
duë, & comme l'Albaſtre ſe ternit,
ceſte Glace s'eſt ternie, & ſi vous ne le
croyez pas . iettez les yeux ſur cét aymable Seigneur; que dis-ie? quel œil
pourroit porter ſes regards ſur vn objet ſi deplorable, ſans perdre la veuë
à meſme temps ? Informez vous en
dóc à ces bourreaux: Mais qui oſeroit
preſter l'oreille au recit d'vne verité
ſi funeſte, ſans ſe reſoudre à la mort?
Croyez le dóc, & ne vous en enque-
rez pas d'auantage; Pourrez vous bié
auſſi le croire & ne mourir point de

regret, ou de pitié? Ie vous en laisse le hazard, puis que la mort en est si glorieuse.

Beau Soleil tu peus bien perdre la curiosité que tu as de te mirer dans le miroir du Corps de mon Sauueur, puis que la glace en est rompuë en tant de pieces, que la plus petite n'en paroist pas.

Mais c'est vous belle Lune, qui pouuez darder vos rayons d'argent dans ce Miroir, quoy que la glace en soit brisée. Parce que comme vous receuez vostre lustre de la lumiere de cét Astre diuin, que la Cruauté veut faire eclypser, il faut necessairement qu'il vous esclaire, pour vous rendre esclatante. De sorte que sa lumiere estant offusquée par ceste effroyable tempeste que les Demons & les Enfers ont fait naistre, vous participez à son obscurité. Toutesfois il n'est point enuironné des tenebres, puis

qu'il eſt tout rouge, comme tout en-
flamé d'vne amoureuſe ardeur. Ce
qui me fait croire que vous eſtes de
meſme toute couuerte du feu, dont il
eſt embrasé,

Ie diray maintenant, ſelon ma penſee pour expliquer cette allegorie,
que la tres-Sainte Vierge reſſentoit
viſuemét ſur ſon chaſte corps, par la
ſeule vertu de só amour extreme, les
meſmes douleurs que ſon cher fils
enduroit : Car ſe repreſentant dans
ſon imagination tous les ſupplices,
dót on gehénoit mó doux Sauueur,
cette parfaicte amour qu'elle auoit
pour luy, agiſſant à ſon ordinaire,
d'vne façon toute diuine, auec la force de l'idee, elle ſe ſent eſcorcher la
peau, rompre les nerfs, briſer les veines, & froiſſer les os, sás reſpádre vne
goutte de ſãg. O Amour, Amour! tes
œuures ſont trop admirables pour
nos foibles eſprits.

Qui douteroit aussi que cette adorable Mere fut exempte du tourmét que son bien aymé enduroit, puisque la chair de l'vn estoit la mesme chair de l'autre; & que tout le sang du Fils, estoit sorty des veines de la Mere. De maniere que si l'Aimá fait mouuoir le fer, & l'Ambre la paille, par vn effort d'affinité, n'est il pas plus croyable que ces deux cœurs sacrez du Fils & de la Mere pouuoiét receuoir de l'alteration, sans le ressentir également par vne mesme attainte. I'ay peur de m'esgarer.

En fin apres que ces bourreaux ont lassé leurs corps à deschirer, & à mettre en pieces celuy de mon Sauueur par six mille coups, tous acerez comme des fleches, ils prennent plaisir à le contempler en cét estat deplorable, disputant à l'enuy, quel d'entre-eux luy auroit fait les plus grandes playes.

Courtifans mettez d'accord ces
Barbares, en leur souftenant, puis
qu'il eft vray, que vos crimes ont efté
les foüets & les bourreaux qui ont
tourmenté de la forte cet aymable
Createur. Mais apres l'auoir confeſsé,
qu'vn cuifant regret, & vne fenfible
repentence vous face pleurer par les
yeux tout le fang que vous auez dans
les veines. Vous voyez en quel eftat
de mifere, voftre chair impudique
a reduit cefte chair innocente & facree de mon Iesvs. Sera t'il poffi-
ble qu'apres vn fi funefte fpectacle,
vous recommenciez l'exercice de
vos lubricitez ordinaires? Que fi
l'amour que vous deuez à ce doux
Sauueur, par reuâche, & par mille autres raifons encore, ne vous sêble pas
affez puiffant, que l'amour de vous
mefme vous y contraigne; peut eftre
que de ce venin, vous ferez de la Te-
riaque.

D'es l'ors que mon IESVS est delié,
iltombe à terre de foiblesse; Qu'est
cecy, mon Redempteur, il semble
que vous donniez la victoire à vos
ennemis, & vostre amour en a des-ja
triomphé? Ha! c'est vn stratageme
de cette mesme amour: car elle vous
fait choir sás doute dans vostre sang,
afin qu'il rentre dans vostre corps
pour le repandre encore vne fois dás
de nouueaux supplices. Ie change-
ray de termes, puis que ma plume ne
peut voler si haut.

Mon Redempteur demeure long-
temps à se releuer, cóme s'il prenoit
plaisir de se baigner dás cette mer de
sang, dont luy-mesme est la source.
Et à l'instant qu'il est debout, on le
couure à demy d'vne robe de pourpre. C'est maintenát qu'on peut dire,
Seigneur, que vous estes tout rouge,
mais rouge cóme la Rose, puis qu'en
effect vous estes vn buisson de roses,

entouré d'espines: Car ie voy qu'on
vous en met sur la teste la couronne.

On fait asseoir mon Sauueur sur la
selette; comme si on luy vouloitpro-
noncer son arrest de mort. Mais c'est
à dessein de luy mettre vne pesante
couróne d'espines sur la teste, & afin
qu'elle tiéne plus fort, on en fait entrer les pointes aiguësdedás à coups
de bastons. De sorte que son frót est
entouréd'vne nouuelle couróne de
ruisseaux de sang.

Courtisans ne passirez vous pas
maintenant de crainte, ou ne rougi-
rez vous point de honte, en la contemplation de mon Sauueur? Vous
voyez cóme trois bourreaux, faisant
l'office de Chirurgien luy lauent la
teste, la frisent & la peignent à leur
mode? Son sang est l'eau, dont on la
laue, les marteaux sont les fers dót on
la frise, & les ronces en sont les pei-
gnes. Mais quels differés persónages

faites vous? On frise vos cheueux,
pour deseicher l'humidité de l'eau
d'ambre, dót ils ont esté arrousez, &
ceux de mon Sauueur degouttent le
sang en abondance. On peigne les
vostres pour les rendre plus beaux,
& l'on arrache ceux de mon Sauueur
pour en ternir l'esclat & le lustre. De
sorte qu'ils saignent des deux costez.
Vous faites coler vos moustaches sur
vos iouës, & ajuster vos barbes auec
des fers & compas; & mon redempteur n'a pas vn poil à son menton,
& vous voyez encore les marques
sanglantes de ceste ignominie.

Que direz vous en mourant? &
que ferez vous apres vostre mort?
Auez vous donc resolu de courre le
hasard de la damnatió eternelle, dót
la pensée seulement a quelque chose
d'aussi effroyable que l'Enfer mesme.
Vous vous amusez à lauer vos testes,
ecst donc pour abreuer leurs pous:

Vous les poudrez aussi, afin de leur
donner sans doute à manger: n'est-ce
pas vn bel exercice? Employer la moitié d'vne iournee à se preparer pour
aller à la chasse des ames auec les Demons; quel mestier est cela ? Vous le
sçaurez au iour du Iugement, ie ne
vous dis autre chose.

On vous salue cependant , mon
Sauueur, en qualité de Roy des Iuifs,
& permetez moy de vous saluer en
qualité de Roy des Miserables, puis
que vostre couróne est toute de douleur, & vostre sceptre , tout de
mespris. Ie ne laisseray pas toutef-
fois de vous honorer dans vostre
aneantissemét, auec tous les respects
d'vne ame qui vous adore , & auec
toutes les soubsmissions d'vn cœur
passionné de vostre amour. Car ne
sçay je pas bien que les cercles des
Cieux, sont autant de couronnes,
qui enuironent vostre teste, & que
vostre

voſtre toute Puiſſance, eſt voſtre
ſceptre ordinaire : Que ſi vous auez
choiſi les eſpines, c'eſt pour couronner voſtre amour à la fin de ſa Carriere, puiſque voſtre vie toute amoureuſe a guidé continuellement vos
pas dās vn chemin parſemé des ronces. Ce qui me faict croire que vous
eſtes vn buiſſon ardant, mais ardant
d'amour, & voſtre adorable Humanité vn bouquet d'eſpines. En effet,
ne puiſ-je pas ſouſtenir que voſtre
Conception eſt vne eſpine, ayant
commencé de ſouffrir en imagination, & en idée, dans ce premier mo-
mét de voſtre vnion hypoſtatique.
Que voſtre Naiſſance eſt eſpineuſe,
puis que voſtre berceau a eſté faict
d'eſpines auſſi bien que de foing, &
de paille, à cauſe du froid que vous
auez enduré. Que voſtre Enfance
eſt vne nouuelle eſpine par voſtre
fuite, & par voſtre bániſſement. Que

H

voſtre adoleſcence eſt encore vne
eſpine qui naiſt de la ſueur de vos
trauaux , nourriſſant voſtre corps
des peines qu'il endure. Que voſtre
aage viril eſt vne autre eſpine qui
croiſt dans le deſert où vous ieunez
quarante iours. Et maintenant pour
paracheuer voſtre carriere vous
vous faites encore couronner d'eſpines. Combien de merueilles nous
decouurira cette Verité?

La terre ayant eſté maudite par
voſtre Iuſtice, elle eſt condamnee à
ne porter que des Ronces, & des Eſpines. Et vous-meſmes ayant pris la
peine de la labourer l'eſpace de trente ans, & dauantage, elle ne vous a
produit que les fruits de ſa Malediction: Mais Seigneur vous en faites
vne recolte generale , & apres les
auoir miſes en vn monceau, vous les
chargez ſur voſtre teſte. De ſorte que
la terre ſe pare tous les iours de mille

fleurs nouuelles, qui ne se flestriront
iamais.

Helas diuin Iesus, qui voudra
maintenant des Roses, vous voyant
couronné d'espines. Ie ne m'estōne
plus si les fleurs ne durent qu'vn matin, elles suiuent le sort du mespris
qu'on fait d'elles, à vostre exemple.
Tellement qu'elles se flestrissent de
honte, plustost que de fragilité.

Dites moy, beaux Astres, qui versez charitablement la Rozee de vos
benignes influences sur toutes les
choses creées : Pourquoy auez vous
exercé vostre vertu sur ces Róces, &
sur ces Espines qui entourét la teste
de mó Sauueur, puis que c'est le propre de vostre gloire de seruir à cet
vsage? C'est l'amour sans doubte qui
vous y a forcé, afin que ce Roy des
amás fut couronné des espines Ro-
yales : Les plantes ont choisy les espines pour leur Reyne, puis que la

Royauté leur appartient.

Doux Sauueur ne vous estonnez pas si les hommes vous presentent des espines, puis que ce sont les fruits de leurs trauaux, & moins encore vn Rozeau, si eux mesmes sont des Rozeaux par leur legereté, & par leur inconstance. Ils vous saluent cóme Roy, & sans y penser, leur mespris rend hommage à la Verité.

'Mais que ne puis-je, ô doux Redempteur, puis que vous aymez les Rozeaux, vous offrir celuy de mon cœur, afin qu'il changeast de nature dans vos mains toutes puissantes: aumoins prens-ie la hardiesse de vous presenter les épines du regret de mes offences ; affin qu'apres que vostre Misericorde les aura metamorphosees en Roses ; ie les appende à vos pieds, par vne actió de recognoissáce.

Courtisans ie vous laisse deuant les yeux de ce Portrait de l'humilité de

monSauueur,affin que voſtre ambi·
tion trouue ſes limites dans cet obiet
& que voſtre arrogáce ſoit aſſouuie
par force, voyant ſon tombeau ouuert. Car que pouuez vo⁹ deſirer du
monde,ſi ſon Createur s'en eſt reſer·
ué les ſeules eſpines ; quelle ſera voſtre eſperance, ſi ce meſme Createur
a tout creé pour ſon ſupplice? Vous
voyéz qu'il n'a rien de propre que ſes
douleurs,& quoy qu'elles ſoient extremes,ſon amour trouue des inué-
tions pour leur donner de l'accroiſ-
ſement.

Finiſſons ce chapitre, pour aſſiſter
à ce quatrieſme office de la Paſſion,
que mon Sauueur va celebrer deuant Pilate.

LE BREVIERE

DES

COVRTISANS

A SEXTE.

CHAPITRE IV.

Ego sum vermis, & non homo

ON Sauueur ce-
lebre ce quatrief-
me office de ſa Paſ-
ſion par ſon ſilen-
ce, croyant que ſes
douleurs ſerót plus
eloquétes que ſes paroles. Il faut dóc
que nos larmes, & nos ſouſpirs, nous

seruent de voix pour tenir noſtre partie en ce pitoyable concert de muſique que ce doux Ieſus fait à ſon Pere pour appaiſer ſa Iuſtice. Courtiſans ie vous y inuite de ſa part, puis qu'il ne s'agit que de voſtre intereſt.

Pilate met en veuë noſtre Seigneur ſur les degez de ſon Pretoire apres qu'il fut flagellé, à deſſein, ſans doubte, de donner de la Pitié aux Iuifs, & luy meſme n'en a point. *Ecce homo.* V*oila l'homme* leur dit-il; Mais quel homme eſt-ce? Vn hóme d'ordinaire a des cheueux à la teſte. Et l'on ne voit rien deſſus ſon chef, que des ronces & des eſpines; comme ſi c'eſtoit le tronc d'vn buiſſon. Il a vn front, & les marques ſeulement n'en paroiſſent pas. Il a des yeux, & celuy-cy nous fait voir à leur place deux fontaines de ſang. Il faut neceſſairement qu'il aye des iouës, vn nez, vne bouche, & vn méton. Mais

de prés qu'on regarde, on ne voit
autre chofe qu'vn monceau de fumier fait de crachats. Il faut encore
qu'vn homme aye vne langue pour
parler & des bras & des iambes pour
s'en feruir à leur vfage. Et il ne fe pre-
fente rien à nos yeux qu'vne maffe
de chair, toute fangláte, dont on ne
peut diftinguer les parties du tout,
par vn nombre infiny de playes, qui
en rendent l'obiet effroyable.

Ecce homo. Voila l'homme. Pourtant,
dict Pilate, feroit ce donc vous mon
Redempteur; Et où eft cefte belle
cheuelure doree dont les brillans
rendoient la Nature fi ialoufe, n'o-
fant fouftenir que c'eftoit vn ouurage de fes mains. Où eft ce front dont
laMaiefté faifoit cacher de honte le
Soleil. Où font ces beaux yeux dót
les regards faifoient naiftre mille
beaux iours de benedictió, & de grace, dans les ames. Où font ces iouës

toutes de lis & toutes de Roſes, où ſõt
ces leures toutes d'œillets? Ou plûtot
où eſt ceſte bouche dont l'aleine ſeu-
lemét pouuoit reſſuſciter les morts,
& la moindre parole d'vn meſme
coup faire trébler le Ciel, la Terre, &
les Enfers. Où ſont ces belles mains
encore, dont les plus petits ouurages
eſtoiét des grãdes merueilles: où ſont
ces pieds ſacrez qui affermiſſoiét lés
eaux, & qui animez d'vne action de
miſericorde aloient inceſſámentà la
chaſſe des ames! En fin oùeſt ce corps
adorable qui faiſoit touſioursvnPa-
radis du lieu qui le cõtétoit? Le tor-
rent de toutes ces Merueilles s'eſt eſ-
coulé ſans nous laiſſer d'autres marques que celles de l'amour , qui en
eſtoit la ſource.

En effect, Seigneur, il ne paroiſt rié
de vous que l'amour, puis qu'au trauers de vos playes amoureuſes on
voir voſtre cœur amoureuxqui ſouſ-
pire inceſſammét d'amour, apresvne

mort ſemblable, ne pouuât mourir
que côme il a veſcu. Pardónez moy
ſi ie vo⁹ meſcognois en cet eſtat deplorable, où mes ſeuls pechez vous
ont reduit, d'autant qu'il me ſemble
que vous vous meſcognoiſſez vous
meſme, ayant deſ-ja changé le nom
d'homme en celuy d'vn vermiſſeau.

He quoy mô Sauueur, vous n'eſtes
pas ſatisfait d'eſtre liberal iuſques à
la derniere goutte de voſtre ſãg. D'e-
ſtre patient iuſques à laſſer vos ennemis; d'eſtre humble, iuſques à eſtre
foulé aux pieds : d'eſtre miſericordieux, iuſques à no⁹dóner par amour
pluſtoſt que par Iuſtice voſtre vie,
dôt la premiere reſpiratiõ eſtoit plus
que ſuffiſãte pour noſtre ſalut. Vous
voulez encore chãger ce nõ d'hóme,
âpres en auoir ſouffert toutes les miſeres, & prẽdre celui d'vn vermiſſeau.

Mais i'en decouure le ſecret? ô doux
Ieſus, : Car ſçachant que nous ſómes
tous des pecheurs, & que c'eſt noſtre

nom propre, puisque nous naiſſons coupables, l'amour vous metamorphoſe en vermiſſeau, pour vous faire ronger nos conſciences criminelles iuſques à ce qu'elles en viennent au repentir. O diuin Redempteur de nos ames ! vous nous comblez de tãt de biens tout à la fois, qu'il nous faudroit vne Eternité pour penſer ſeulement aux moyens de nous en reuencher. Tirez donc voſtre ſatisfaction de voſtre Bonté, puis que noſtre foibleſſe nous ſert d'excuſe. Et quoy que vous ayez changé de nõ, permettez moy de dire de vous auec Pilate : *Ecce homo. Voila l'hõme.*

Ouy *Voila l'homme,* Courtiſás, à qui vos cheueux friſez ont fait arracher la cheuelure. *Voila l'homme,* à qui voſtre viſage fardé le plus ſouuët, cõme celuy des Dames, à faict cracher ſur ſa belle face. *Voila l'homme,* à qui voſtre peau ſi delicatement nourrie a fait escorcher la sienne. *Voila l'homme*, à qui vos habits de parade font porter vne Robe de pourpre doublee de só propre sang. *Voila l'hôme*, à qui vos plaisirs couftét si cher, que ses yeux & ses veines, sont égalemét secs, & arides, n'ayant plus d'eau, ny de sang, pour respandre. Toutesfois ie veux croire que l'amour n'a pas encore lasché sa derniere bonde.

Que respondez vous à tout cela, hommes du Siecle! ce ne font point des discours d'affeterie, & des paroles de compliment. Voyez, cósiderez, & cótemplez cet obiet de compassion, qui vous conuainq d'inhumanité. Cet obiet d'amour qui vous appelle mille-fois cruels. Cet obiet d'humilité, qui crie vengeáce au Ciel de voftre arrogáce. Vous auez la tefte couuerte d'vn riche chapeau de caftor, & celle de mon Redempteur n'eft paree que d'efpines. Vous auez

la barbe bien adiuſtée, & mon Ieſus
n’a pas vn ſeul poil au menton, luy
ayant eſté tous arrachez. Vos corps
de bouë eſclatét de tous côſtez d’or,
& de ſoye, & celuy de mon Sauueur
eſt tout ſanglant, n’ayant pour cou-
uerture que les playes.

O Dieu de Miſericorde, ne pren-
drez vous iamais les foudres de voſtre Iuſtice pour punir ces ames in-
pies, qui ne ſont capables, ny d’a-
mour, ny de pitié. Toutesfois Seigneur vous vous eſtes faict lier les
mains, ponr nous teſmoigner que
voſtre puiſſance eſt encheſnée auec
elles. Car l’heure eſt venuë, non pas
pour faire des Miracles en redreſſant
les Boiteux; mais pluſtoſt pour tom-
ber ſoubs la greſle des coups qu’on
vousdonne. L’heure eſt ſonnée! non
pas pour illuminer les aueugles;
maispluſtoſtpoureſtre aueuglévous
meſmes par le ſang qui decoule à
ruiſſeaux

ruiſſeaux de voſtre teſte. Le Temps eſt expiré nõ pas pour rendre l'ouye aux ſourds; mais pluſtoſt pour eſcouter les iniures & les blaſphemes. La ſaiſon dis-je eſt venuë, non pas pour guerir les Paralitiques, mais plutoſt pour l'eſtre vous meſme, cõme captif, & encheſné. Voicy le jour où vous deuez paroiſtre en publicq, non pas en qualité de Monarque du Ciel, & de la Terre, mais pluſtoſt en qualité d'eſclaue, portant par riſee, & par meſpris vn ſceptre de Roſeau, & vne couronne d'eſpines: en fin c'eſt à ce coup que vous deuez non pas reſſuſciter les morts, mais pluſtoſt mourir vous meſmes. Il me ſemble pourtant; O doux IESVS, & il eſt vray, qu'en toutes ces actions de foibleſſe, & de ſeruitude, voſtre Puiſſance ſouueraine eſtale au iour ſes plus grands Miracles: Car la merueille eſt bien plus grãde, de vous voir abatu ſoubs

I

les coups qu'on vous donne auec voſtre force indomtable, que de vous
voir redreſſer les Boiteux. L'eſtonnement auſſi doibt eſtre bien plus
grand, de vous voir comme aueu-
glé par voſtre ſang; vous dis-je qui
eſtes la diuine Splendeur du Pere,
que d'eſtre temoing lors que vous
rendez la lumiere aux aueugles. Voſtre Patience eſt bien plus admirable
à oüir les iniures, & les blaſphémes,
dont vos ennemis bleſſent vos oreilles, que voſtre pouuoir en redonnãt
l'ouye au ſourds. L'action eſt bien
plus miraculeuſe de vous rendre Paralitique dans vos cheſnes, que
d'é guerir les malades. Et nos Eſprits
demeurent bien plus rauis en la meditation de voſtre aneantiſſement,
qu'en l'admiration de voſtre Grandeur infinie, puis qu'elle vous eſt
propre & eſſentiele. Tellement Seigneur que vous paroiſſez auſſi mira-

culeux dans ce funeste Concistoire,
au milieu de vos supplices, que sur la
montaigne de Thabor , enuironné
de vostre gloire.

Voila l'homme, dit Pilate, en effect
c'est vn hôme, mais tout miraculeux,
côme estant engendré dans l'Eternité sans Mere, & dans le temps sans
Pere. *Voila l'homme*, mais que l'homme? vn homme tout diuin, puis qu'il
est Dieu & homme tout ensemble.
Voila l'homme , mais vn homme in-
peccable, & toutesfois puny pour le
peché. *Voila l'homme* qui doibt juger
tous les hommes vn jour: prens garde à toy Pilate.

Voila l'homme, O Pere Eternel, qui
non content d'auoir estaint les foudres de vostre Iustice, dás les premie-
res larmes de son Enfance, fait vne
nouuelle mer de son sang pour les y
abismer dedans. *Voila l'homme*, qui a
entrepris de nous faire vne eschele

pour écheler le Ciel de voſtre Eterni.
té. Et il s'en va paracheuer ſon ouurage ſur le mont de Caluaire, où l'eſ-
perience de ſon inſtuſtrie ſera admi-
ree en faiſant monter apres luy vn
larron dans ce ſeiour glorieux. *Voi-*
la l'homme encore , Pere adorable,
qui ſe dit noſtre Caution , & voſtre
Fils tout enſéble. Pour noſtre Caution on le peut croire; mais pour voſtre Fils, qui oſera ſe le perſuader en
l'eſtat où il eſt reduit. Car vous l'auez
engédré de toute Eternité, impaſſi-
ble, immortel, & tout puiſsát, & ie le
voy foible, ſouffrát, & mourát. Mais
quelle nouuelle merueille, cette foibleſſe, cette ſouffrance, & cette mort
nous perſuadent auec trop de raiſon
qu'il eſt vrayemét voſtre Fils, coëgal
en ſubſtance à voſtre ſacree perſonne, au lieu de nous en oſter la creance: parceque ſon amour toute puiſſante l'affoiblit, parceque ſon amour

infinie le fait endurer, parce que son
amour immortelle le fait mourir.
De sorte que ceste amour diuine qui
le possede a tant de raport, & tant de
conuenance à vostre diuinité, qu'il
faut necessairement que ce soit vne
mesme chose auec vous mesme. Ce
qui me fait adorer cét homme Dieu,
de la mesme façon que ie vous adore
puis que c'est vostre Fils vnique. Sa
couronne, son sceptre, sa robe, ses
playes, & toutes ses douleurs ont
beau cacher à mes yeux, les diuines
merueilles qu'il enserre dans son
ame. En quelque posture que son
Corps se trouue, mon cœur est tous-
jours soubs ses pieds, affin de rendre
vn continuel hommage de sousmis-
sion à son humilité. I'iray tousiours
plus auant.

O Pierre *Voila l'homme*, que tu as
adoré sur les eaux, & que tu as renié
sur la Terre. *Voila l'homme* que tu as

declaré Fils de Dieu, & dont bientost
apres, tu as desaduoüé la cognoissance, O Pierre dis-je encore vne fois,
Voila l'homme, qui ioint la mer de son
sang, au ruisseau de tes larmes, pour
leur donner le merite de ta grace. Ie
sçay bien que tu pleures tousiours, &
que tu souspire continuellement :
Mais ie sçay bien aussi que tes pleurs,
& tes souspirs feroiét inutiles si Dieu
ne les offroit en sacrifice , auec sa vie
à son Pere Eternel. *Voila* dóc *l'homme*
que tu ne cognoissois pas , lequel
pourtant plaide ta cause : change la
nature de tes larmes, & pleure de
ioye, aussi bien que de regret.

　　A Adan *Voila l'homme* , qui vient
arrozer de son sang cét arbre de vie,
afin d'y faire renaistre la Pomme que
tu en as desrobée. *Voila l'homme*, qui
est descendu expressement du Ciel en
Terre, pour ouurir les portes de ta
Prison, auec la clef de sa Croix. *Voila*

l'homme, qui apres auoir acquité tes
debtes, par le seul acte de sa Volonté,
vient expirer de douleur, par amour,
sur le mont de Caluaire. Voila l'homme, qui apres t'auoir creé dans vn Paradis, vient naistre dans vne Estable,
& maintenant veut mourir sur vn
Posteau.

Voila l'homme, qui pour rachepter
tes enfans se vend luy mesme. Et afin
qu'ils ne mangent plus de fruit deffendu, il leur laisse sa chair pour vian-
de, & son sang pour breuage; que
peus tu desirer d'auantage?

O heureux Lazare, Voila l'hôme, qui
apres t'auoir fait sortir du Tôbeau, y
veut entrer luy mesme. Voila l'homme
qui par amour ne peut souffrir que tu
sois mort, & l'amour mesme luy fait
endurer mille morts, attédât son dernier trépas. Voila l'hôme qui pleure sur
ta sepulture & qui s'en va d'vn œil sec
sur le Caluaire cômes'il n'étoit capable

de compaſſion que pour autruy: Ha
que ton ſort eſt glorieux!

Eſprits heureux, *Voila l' homme*
dont vous auez publié la Naiſſance
auec tant de pompe, & tant de Gloire. *Voila l'homme* dont l'eſclat qui
l'enuirõnoit ſur la mõtagne de Thabor, vous rendoit inuiſibles. Ie n'enuie point maintenant l'inſenſibilité
que vous auez aux douleurs, puis que
mon Sauueur ſouffre leur Tyrannie.

Vierge toute Sainte, & toute adorable, *Voila l'homme*. Mais ie n'oſe
vo⁹ dire que c'eſt celuy là meſme que
vous auez porté neuf moys dans les
entrailles, & dont vous auez ſi cherement éleué l'Enfance; Quelle appa-
rẽce auſſi de le croire? Car voſtre Fils
a des cheueux plus beaux que les plus
belles choſes du monde. Il a vn front
où les Majeſtez de la Terre, & les Gra
ces du Ciel ſont chacune en ſon
Throſne. Il a des yeux ſi eclatans, &

si doux, que leurs regards ont quelque chose d'aussi agreable que les delices mesme du Ciel. Le reste de son
visage est vn nouueau parterre de
fleurs toutes diuines : Cóme aussi les
autres parties de son Corps, chacune
a le partage de sa perfection.

Et en cét obiect, qui se presente
deuant vos yeux, on n'y voit rien qui
ne soit effroiable, & plus digne de pitié, que d'enuie. Toutesfois Vierge
tres-chaste, considerez cet homme, &
remarquez, s'il vous plaist, qu'encore
qu'il n'aye plus de cheueux, sa teste
n'est faicte que pour porter vne couronne degloire immortelle, plustost
que celle d'espines qu'on luy a donnée. Et quoy que son front soit couuert de sang, ses Majestez & ses graces toutes sanglantes donnent encore de l'admiration, aussi bien que
de la pitié. Ses yeux ont beau estre
couuerts du nuage de mille crachats,

leurs regards éclatans percent la nuë,
côme vn Soleil enfermé dedás: de sorte qu'ils en sót plus admirables. Que
si vous ne voyez pas les œillets, & les
roses, parmy les ordures, qui cachent
son visage, vous en sentez au moins
l'odeur. Si ses playes de mesme vous
deparét si fort la beauté de só corps, elles vo⁹ peuuét aussi seruir de fenestres
pour voir soufpirer só chaste cœur de
vostre pitié, & de nôtre amour. Telle-
mét qu'il vo⁹ est impossible de le mes-
cõnoitre, pour si miserable qu'il soit,
Voila dõc *l'homme*, ô femme miraculeuse. Mais plustost voila vostre Fils.
Celuy là mesme, donc les Prophetes
ont annoncé la Naissance, & toute la
nature a celebré auec tát d'allegresse.
Voila l'hõme. Ce Fils vnique du Pere
Eternel, & le vostre tout ensemble,
Vous l'auez veu tout nud en naissant
parmy les Brebis, vous le voyez encore en mesme estat parmy les Loups,
qui attendent le reste de sa proye.

Où pourrez vous maintenát trouuer, ô Reine des ames affligees, affesde
larmes, & affes de fouspirs pour pleurer, & pour fouspirer à l'égal de voftre
afflictió & de vôtre tristesse. Toutesfois les nuages de vos douleurs font
trop grádspour se refoudre en pluïe
& en vent, fi ce diuin Soleil d'amour
ne les perce de ses regardspitoyables.
Cófolez vo⁹ dóc vo⁹ mefme, & demá.
dez du fecours à voftre propre force,
puisqu'elle eft indóptable. Les hómes
ne font point capables de vo⁹ dóner
de la cófolation dans la mecognoif-
fance où ils font de la grádeur de vos
peines. De la demander aux Anges,
eux-mefmes la voudroient receuoir
de vous, s'ils eftoiéé fenfibles aux douleurs. Ie vous laiffe donc dás la meditation de vos tourmés, puis que vous
auez l'efprit affez fort pour vaincre
leur Tyrannie. Ie ne fçaurois m'arre-
ster dens vn chemin fi raboteux.

Riche, *Voila l'homme* dont la pauureté est si grande, qu'il n'a plus de peau sur la cher, ny plus de cher sur les os.

Auare *Voila l'homme*, si liberal de son sang que la Fontaine en sera bien tost tariè.

Superbe *Voila l'homme*, humilié iusques à la mort.

Gourmand *Voila l'homme*, qui te donne son corps à manger, & son sang à boire.

Ambitieux *Voila l'homme*, qui se contente d'vne couronne d'espines, & d'vn sceptre de Rozeau.

Cruel *Voila l'homme*, qui n'a pas eu pitié de soy mesme, pour auoir compassion de toy.

Vindicatif *Voila l'homme*, qui ne pardonne pas seulement à ses membres innocens.

Cholere *Voila l'homme*, qui attent auec impatiéce qu'on détrempe

dans son Calice le Fiel de ta fureur,
& de ta rage , pour en estancher sa
soif,

Impatient *Voila l'homme* , dont la
Constance incomparable te conuainq de lascheté.

Lubrique *Voila l'homme* , qui condemne sa cher toute pure, & toute
chaste d'estre dechiree à lambeaux,
iuge quels supplices les demons
doiuent preparer à la tienne impudique & toute noire de crimes.

Mes Dames *Voila l'homme* , qui
pour vous donner de l'amour s'est
paré aujourd'huy ; sa couronne est
toutes d'espines ; mais ce sont les espines de vos roses. Son sceptre est de
Roseau, pour marque de seruitude
plustost que de souueraineté, cóme
estant vostre esclaue.   Il porte vne
Robe de pourpre, à cause qu'elle est
de la couleur de só amour. Et si vous
en doutez encore , vous voyez de

combien de playes mortelles, voſtre
amour l'a bleſsé. Pouuez vous refuſer
vos cœurs à vn amant ſi fidelle, il ne
vous promet rien veritablement en
ce móde que des Miſeres, & des douleurs. Mais il vous prepare en l'autre,
vne gloire, qui n'aura iamais fin, vous
voila au choix de deux amans. Car
ſi vous iettez les yeux d'vn autre coſté
vous verrez cet hóme de bóne mine,
& richement paré, qui ſe preſente à
vous. Ses cheueux ſont friſez & poudrez cóme les voſtres: ſa barbe eſt vn
eſchole à Chirurgiés tant elle eſt bien
ajuſtee, ſon rabat de point coupé, &
to⁹ les riches habits luy dónĕt des graces veritablemét dignes d'eſtre admi-
rees. Et auec tout cela écore il eſt paſ-
ſionément amoureux de vous ſi vo⁹
voulez adjouſter foy à ſes ſermens.
Il vous aſſeure qu'il a le cœur nauré
de toutes parts, & qu'il ſouffre plus
de maux en vous aymant, qu'il n'ya

de suplices cogneus au monde. Dail-
leurs dans le malheur où il est, il vous
promet des felicitez sans nombre.
Mais l'aduenemẽt en est incertain, &
la courte duree infaillible. Il se fait
fort de vous rẽdre cõtentes en cemõ-
de, ie vous diray toutesfois en passãt
que c'est vn vẽdeur de fumee. Car to⁹
les plaisirs y sõt faux, & les maux vẽ-
ritables. Il ne tiẽdra qu'à vous pourtant de le crore; quel party vous pré-
drez ? D'vn costé *Voila l'hõme*, qui n'a
que des cloux , & des espines à vous
dõner. Et de l'autre, *Voila l'hõme*, qui
vons presẽte de riches sceptres, & de
sãblables courõnes. D'vn costé *Voila*
l'homme, qui ne peut vous faire loger
icy bas que dãs vn estable, ou dãs les
deserts. Et de l'autre. *Voila l'hõme*, qui
vous mõtre ses superbes palais ouuerts pour y faire voftre premiere entre. D'vn costé *Voila l'homme*, qui ne
peut vous donner à manger que du
fiel, & à boire que du vinaigre.

Et de l'autre , *Voila l'homme* , qui vous inuite à des festins pleins de magnificence, où toutes fortes de mets delicieux ferót feruis prodigalemét. En fin d'vn cofté *Voila l'homme* , qui ne fçauroit vous offrir vne plus riche couche que celle de fa croix, pour y expirer auec luy de douleur. Et de l'autre. *Voila l'homme* , qui vous fait dreffer vn lict tout de Fleurs, pour y dormir à voftre aize, & pour y mourir plus delicieufement encore à ce qu'il dict. Il faut que ie vous reprefente efgalement tout ce qui en eft affin que voftre choix foit plus libre.

Ce premier homme que vous voyez, tout couuert de fang, n'a veritablement à vous donner que des cloux, & des efpines ; Mais ce sót des cloux de diamát, auec lefquels le Soleil eft attaché à só Ciel, & des efpines dont les Rofes ne fe flétriftent iamais. L'autre homme de fi bóne mine ne vous

vous offrant des sceptres d'or, & des couronnes de mesme matiere, il ne vous presente que de la terre, puis que tout l'or du monde n'est autre chose.

Ce premier homme ne uous peut faire loger auec luy que dans vn estable; mais les Anges y descendent du Ciel pour le visiter ; ou dans les deserts ; mais le Pere vient luy-mesme chanter ce beau motet de Musique en son honneur : *C'est icy mon Fils bien-aymé, en qui ie prens mon plaisir.* Que si l'autre vous fait montre de ses superbes Palais, les foudres y entrent par les fenestres, & la mort par la porte ; ce pauure homme ne peut vous donner à manger que du fiel, & à boire que du vinaigre, ie le confesse, mais ce fiel & ce vinaigre sont mille fois plus doux en effect, que l'Ambrosie & le Nectar des Poëtes ne sont delicieux en imagination. L'autre vous peut

K

bien repaiſtre dansſes feſtinsdesvian-
des que lemondeproduit, mais toutes
enſemble ne ſont que pourriture, &
de cete verité l'experience vous put
encore au nez. Cet homme affligé en
fin n'a que la dure couche de ſa croix
pour vous y faire dormir, & mourir,
Mais c'eſt vn nouueau char d'Helie
qui nous mene en triomphe dans le
Paradis. Et l'autre vous fait parade
d'vn lict de fleurs où l'on a vn repos
qui dure autant qu'elles,& les eſpines
des regrets qui nous demeurét, nous
ſuiuent dans l'Eternité, pour en eſtre
bourrelez eternellement.

Voila le portrait tiré aprez le naturel, de la grandeur, & de la puiſſance de ces deux hommes. C'eſt à vous
maintenant à choiſir celuy des deux
qui vous eſt le plus agreable.

Helas! combien y a t'il d'Eues in-
fortunees qui tournent les yeux, &
le cœur tout enſemble vers ce vieil

Adam, ce malheureux courtisan, qui perdit les bonnes graces de son Roy, le premier iour de sa creation. Mes Dames, de quel aueuglement auez vous les yeux bandez? vous suiuez ce miserable Adam pour disner vne seule fois auec luy; encore ne vous peut il rien donner à manger qu'vne pomme empoisónee. Et vous abandónez vostre Createur, & vostre Sauueur qui est décendu exprez du Ciel en terre pour vous offrir luy mesme vne seconde fois son Paradis. Vos laschetez sont trop criminelles, ie crains que l'Enfer n'en soit la punition.

Courtisans quelle sera vostre excuse au iour du Iugement? vous n'oserez plus dire à l'exemple du Paralitique, que vous n'auiez point d'homme, puis que *Voila l'homme,* qui s'offre de vous ietter dans la Piscine de son sang innocent, pour guerir vos ames de la paralysie de leurs offences mortelles.

Demons, *Voila l'homme*, qui auec son sceptre de roseau, & sa couronne d'espines vous va faire la loy. *Voila l'homme*, qui auec ces mesmes chaines vous va enchainer, & vous reduire à vostre premiere seruitude. *Voila l'homme*, dont les tourmens vous preparent des gehennes eternelles. *Voila l'homme*, donr la desfaicte vous mene en triomphe. *Voila* en fin *l'homme*, dont la mort vous tient lieu de honte, & de confusion.

Ecce homo Voila l'homme, dict Pilate aux Iuifs vne derniere fois. Et à mesme temps ce peuple enragé fait retentir en l'air ces cris effroyables, *Tolle*, *Tolle*, *crucifige*. Qu'on l'elogne de nos yeux *cet homme*, & qu'on le traine au supplice; nous ne serós point

contans, ſi nous ne le voyons attaché
à vne croix.

De tels, ou ſemblables diſcours
animez de fureur, cette populace
aueugle, & brutale, aſsiege de ſi
prez les oreilles de Pilate, qu'il ne ſçait
à quoy ſe reſoudre. Les cris ſe renfor-
cent à tous momens, & la crainte qu'il
a de déplaire à Ceſar, l'attaque d'vn
autre coté ſi vifuement, qu'il chan-
celle en la premiere reſolution qu'il a
priſe, de ne condemner point ce
doux IESVS. En fin le plus fort
l'emporte, l'intereſt de ſa fortune
luy eſt beaucoup plus cher que celuy
de ſon ſalut, parmy vn nombre infiny de differentes penſees qui agitent
ſon eſprit, il minute l'arreſt de mort
contre cét innocent.

Et de la penſee venant aux effects il
le prononce publiquement auec les
formalitez ordinaires. Et pour faire

K iij

voir qu'il y a esté forcé, , & qu'iln'authorise point cette violence, il se fait apporter de l'eau, & se laue les mains. Quelle folie de lauer le corps, pour blanchir l'ame?

Ha Pilate! si tu voulois reüssir en ton entreprise tu debuois faire produire à tes yeux, vne fontaine de larmes, & t'y noyer dedans de regret, & de repentir d'auoir condemné cét Innocent. Tu te contentes de lauer tes mains pour te lauer des reproches, que les Iuifs desaueuglez te pourroient mettre en auant; mais comment te deffendras tu contre celles que ta conscience criminelle te fera vn iour ? Tu te mets à labry de la pluye, & tu n'aprehendes point les foudres du Ciel, qui grondent des-ja à tes oreilles. Que ton sort estoit heureux si tu ne te fusses esgaré volontairement dans le dedale de ta malice.

Ie reuiens à vous mon Redempteur, pour vous demander iuſtice des
crimes que ie n'ay commis, puis que
Pilate m'a abſous malgré moy: Car
ie ſuis ce Barabas comme voleur de
vos biens-faits, comme aſſaſſin de
mon ame, & comme ſeditieux contre ma raiſon. On me bannit ſeulement apres auoir fait toutes ſortes de
maux, & l'on vous condemne à
la mort pour auoir fait tous les biens
du monde.

I'appelle de cet arreſt d'iniuſtice, de-
uãt voſtre iuſtice, affin que ie tiéne voſtre place, & que de la ſorte vous ſoyez
banny de Hieruſalem, & de toute la
Iudee, puis que cette Terre ingrate ne
vous produit que des eſpines: & moy
códemné à la mort, puis que la moindre de mes offences m'en rend coupable. Ha Seigneur ie voy bien que
voſtre amour vous empeſche d'inthe-

riner ma requeſte, elle veut que vous
mouriez, & que ie viue. *Ie viuray*
donc, ô mon *Ieſus*, mais ce ſera en
mourant ſans ceſſe du regret de voſtre treſpas. *Ie viuray* donc, mais
d'vne vie mille fois plus cruelle que
la mort meſmes, au ſouuenir des
cruautez qu'on a exercces côtre vous.
Ie viuray donc, mais ce ſera d'vne
vie de ſoucy auſsi amoureuſe que
languiſſante, regardant ſans ceſſe des
yeux de mon ame, le Soleil de voſtre croix, pour en receuoir les
douces influences. *Ie viuray* donc,
mais d'vne vie de roſes, ayant touſiours le cœur dans vos eſpines, &
vos eſpines dans mon cœur. *Ie viuray* donc en fin, puis que voſtre
amour le veut; mais ce ſera de la vie
du Cameleon, le vent de mes ſoupirs me ſeruira de nourriture. De
ſorte qu'eſtant priué de l'honneur

de vous accompaigner dans vos fupplices, cette confolation me demeurera , que vos fupplices m'accom-
pagneront toufiours. Beniffez en l'ef-
perance que i'en ay, ô doux Sauueur,
affin que les effects cautionnent bien
toft mes paroles

Ie voy mon Sauueur qui fe hafte
de partir pour aller au Caluaire: fui-
uons le au moins de penfee, puis qu'il
ne veut point de compagnon en fes
trauaux

Balthasar

LE
BREVIAIRE
DES
COVRTISANS

A NONE.

CHAPITRE. V.

O Crux ab æterno præparata, & concupi-
scenti animo desiderata.

'Est icy encore où il faut
garder par force le si-
lence , puis que les
paroles sont inutiles
pour exprimer ce qu'-
on ne peut comprendre. C'est icy
où il faut necessairement que les lar-

mes, les foupirs, & les regrets faffent l'office de la langue pour raconter par ces muets langages de pitié, & de tri-fteffe, tout ce que nos yeux verront de funefte, & tout ce que nos oreil-les entendront d'effroyable, &tout ce que nos efprits conceuront de cruel, &d'inhumain, en ce cinquiefme office de la Paffion, où mon Sauueur doibt celebrer luy mefme fes funerailles.

Quel bruit, quel tumulte, & quel tintamarre entend t'on dans les rues de Hierufalem, au recit, & aux nou-uelles de cet arreft de mort, que Pila-te a prononcé contre mon IESVS! Mais c'eftvn bruit de cris de ioye, mais c'eftvn tumulte, animé d'allegreffe, & vn tintamarre de tambours, de clai-rons, & de trompetes, qui apellent les officiers de Iuftice, chacun à fon debuoir.

On ne vit iamais tant d'inftru-mens de mort, auec tant de feux de

ioye. D'vn coté ce ne font que lan_
ces, qu'efpees, qu'armets, que cuiraf-
fes, que boucliers, qu'echeles, que
marteaux, que cloux, & que cordes.
Et de l'autre tout eft plein de rameaux
verdoyans, de fleurs, de fruits, de
couronnes, de guirlandes, de chars de
triomphe, d'inftrumens de Mufique,
de feftins, de dáces, & de mafcarades.
Les Seigneurs, & les Dames courent
des ja aux feneftres, & leurs valets à
la ruë. Les artizans ont des-ja quitté
leurs ouurages, & leurs boutiques,
pour voir trainer cet aigneau à la
boucherie. Les femmes portent leurs
nourriffons à ce fpectacle, auec autát de ioye, que fi c'eftoit à des nopces.
Et les autres enfans qui peuuent marcher, font affemblez en diuerfes trou-
pes à tous les carrefours de la Ville,
pour attendre, comme des leuriers en
leffe, la proye au paffage, & la relácer,
au bruit effroyable de leurs huees, ou

plutoſt de leurs aboyemens, à de nouueaux chiens deſtinez au carnage.

Mais que faites-vous mon Redempteur , tandis qu'on prepare ſur le
mont de Caluaire ce funeſte theatre,
où vous debuez repreſenter le dernier acte de la Tragedie de voſtre
paſſion ? perſonne ne ſe veut apro-
cher de vous pour vous offrir quelque larme de voſtre compaſſion , où
quelque ſoupir du reſſentiment de
vos peines, Vous eſtes ſeul , ie dy
ſeul: Car vous tirez le rideau de voſtre humanité adorable deuant voſtre Pere eternel , & cet Eſprit diuin
tout plein d'amour, qui ne ſót qu'vne
meſme eſſence auec vous meſmes,
pour ne gouſter pas les delices eternelles de leur gloire ſemblable, en cet
eſtat de douleur où voſtre amour
vous tient enchaiſné.

Vous eſtes donc ſeul , ô doux IE-
SVS , vous dis - je qui rempliſſez

le Ciel, & la Terre, de voſtre immenſité; Ha que voſtre amour eſt ingenieuſe à faire à tous momens de nouueaux miracles! Vous eſtes ſeul dans ce Conſiſtoire d'iniuſtice, parce que vous y eſtes moqué, meſprisé, & battu. Mais quand il faut aller à des nopces, vous menez voſtre chere Mere,& vos diſciples. Vous eſtes ſeul, quand on vous doibt trainer au ſupplice; Mais quand voſtre Pere vous doibt glorifier, vous eſtes accompagné; Ne ſont ce pas les merueilles ordinaires de voſtre amour? Auſſi les veux-je adorer à mon ordinaire.

Mais il me ſemble que i'entends ſonner l'heure de l'execution. Et ie voy vn grand nombre de bourreaux empreſſez à garotter de nouueau cet adorable Sauueur, & à charger ſur ſes eſpaules ce peſant fardeau de la Croix.

L

Les Poëtes feignent qu'Athlas portoit le Ciel fur fon doz. Et vous eftes ce veritable Athlas, ô mon IESVS, qui portez le Ciel de la Iuftice diuine fur vos efpaules, auec tout le monde enfemble, puis que tout le monde eft coupable, fe nem'eftonne point, fi vos pieds chancelent foubs ce faix, confiderant que le moindre peché mortel eft capable, par fa pefanteur d'attirer vne ame iufques au centre de la terre. Vous voila preft à partir. Les fergens, & les compaignons des bourreaux fe font des-ja aduancez pour rendre le chemin du fuplice libre.

He quoy Seigneur, *Vous allez donc à la mort fans moy*; Que voulez vous que ie faffe de ma vie, puis que c'eft vn funefte flambeau d'vn phare trompeur, qui en fe confommant attire le monde au naufrage. *Vous allez donc à la mort fans moy* ? & quand verrayie la fin de mes jours, pour voir celle de mes offences, puis que ie vous of-fence continuellement ? *Vous allez dõc à la mort sans moy.* Et pourquoy per-mettez vous que ie respire encore le mesme air que j'ay infecté par mes crimes ! n'ay-ie pas assez vieilly dans ce malheur ? *Vous allez donc en fin à la mort sans moy.* Accordez moy au-moins cette grace, que ie ne viue d'o-resenauant que pour vous, affin que ma vie vous soit agreable, puis que ma mort vous déplait. Ie ne sçaurois souhaiter maintenant autre chose,

Courtisans vous allez monter dans vos carosses, ou dans vos chars de triomphe, pour vous faire voir dans les rues d'vne nouuelle Hierusalem, auec vos pompes & vos magnifi-cences ordinaires ! tandis que mon Redempteur vous suit à pied, tout chargé de playes, tout couuert desãg, & de bouë, & portant encore l'arbre de fa croix fur fes efpaules. Le voila à ce coing de ruë, qui paffe deuant vous. Commandez au moins à voftre coche d'arrefter, voulez vous que les cheuaux le foulent encore aux pieds, de mefme que font vos ames à toute heure. Mettez maintenant pied à terre pour dire à dieu des yeux, de cœur, ou de la penfee à cet amoureux Sauueur, qui s'en va de ce pas mourir pour vo9.

Mais quel excez de fureur vous poffede? quelle manie vous tranfporte, de quelle froide trempe font vos cœurs? Vous ne bougez de vos places, à peine tournez vous la tefte pour le regarder feulement. Et que puis-je dire contre ces actions d'inhumanité, & de perfidie, dont le feul recit feroit capable de faire trembler les demós? Le Soleil inanimé s'arrefte au milieu de fa carriere, par le feul commandement d'vn des feruiteurs de ce grand Dieu. Et vous paffez en carroffe effron-

tement deuant luy, fans luy faire la re-
uerence que de la tefte, & fans le fa-
luër, que du bout du chapeau.

O Souuerain Createur du monde,
ie ne m'eftonne plus fi les peines de
vos Enfers font eternelles, puis qu'à
moins d'vne eternité de fupplices,
ces crimes ne fçauroient eftre fuffi-
famment punis, Ie m'eftonne bien pluftoft en la confideration de cette gloire infinie, que vous nous promettez
en efchange d'vne larme de regret,
ou d'vn feul foupir de repentance.
Tout eft egalement adorable en vous
Seigneur.

Courtifans vous eftes tous les iours
témoins de ces veritez, que ie vous ay
mifes en auant: Car combien de fois
rencontrez vous au chemin de vos
promenades le S. Sacrement, qui eft ce
mefme Sauueur qui s'éva au Caluaire,
fans que vous preniez la peine le plus
fouuët de faire arreter vos caroffes, ny

de mettre pied à terre. Que si vous
le saluez du chapeau , par coustu-
me , vous en ferez bien autant à vn
sauetier par ciuilité. Iugez quels
chastimens meritent ces irreueren-
ces.

Tous les ieunes garsons de la Ville de Hierusalem, animez d'vne rage
semblable à celle de leurs peres, chas-
sent à coups de pierres ce doux Seigneur , sur le point qu'il se veut arre-
ster , comme affoibly du fardeau de
sa croix. D'autat qu'elle est si pesante,
qu'elle a des-ja deuoré d'vn costé la
chair, & les os qui la portoient. Et le
sang qui decoule à ruisseaux de cette
nouuelle playe, luy ostant peu à peu la
force qui luy reste , il tombe souuent
accablé soubs sa charge.

Ie ne laisse pas pourtant de vous
adorer , ô grand Dieu , auec vostre
toute puissance dans vostre foiblesse:
Car si ie vous contemple des yeux du

corps, tombé & gisant dans la boüe,
Ie vous admire à mesme temps des
yeux de l'ame, dans le sejour glorieux de vostre eternité. Si ie vous
regarde au trauers de mes larmes, parmy ces bourreaux haletant de peine,
& de lassitude : Ie vous contemple
en cet instant, au trauers de la foy que
vous m'auez donnee, parmy les le-
gions de vos Anges, en action de receuoir le continuel hommage de
leurs respects, & de leurs louanges.
Tellement Seigneur, que quelque
liurce de misere, & de douleur que
l'amour vous deguise, vous serez tousiours le seul que mon cœur aymera,
& l'vnique, dont mon ame sera eternellement esclaue.

Que ferez vous maintenant digne
Mere de mon Dieu ? quelles peuuent estre vos actions, & vos pensees,, en cette saison où l'on eguise le
glaiue qui vous doibt percer le cœur,

L A

de vous annoncer les tristes nouuelles de ce funeste arrest de mort, que Pilate a prononcé contre vostre cher fils. Le bruit de cette verité a des-ja couru par toute la terre ; il retentit des-ja dans le Ciel, dans les limbes, & dans les Enfers. Ce qui me fait croire, que vous n'en doutez point, ou que si vous en estes encore dans la doute, le premier que vous r'encontrerez en vostre chemin, vous en rendra trop asseuree.

Il arriue aussi de la sorte: Car cette Vierge si sainte courant les rués de Hierusalem, pour aprendre des nouuelles de son bien-aymé, trouue à chaque pas qu'elle fait en auant, des témoins de son malheur. Et comme lle est en impatience, cherchant cet vnique object de ses affections, quoy que sa rencontre soit l'autel, où elle doibt estre immolee de tristesse & de douleur, ses moites yeux le decourent de loing parmy vne foule de bourreaux qui l'enuironnent.

Que sçaurois-je dire maintenant pourvous exprimer la moindre partie de ce que ceste adorable mere endure à la veuë de ce fils tout diuin? La nature n'a point de langues assez fecódes qui puissent raconter le plus petit sentiment de ses douleurs.   Et les esprits doibuent cherir leur confusion, & leur silence dans le mesme deffaut où ils se trouuent, ne pouuant, ny n'osant penser de pouuoir iamais cóceuoir quelque foible idee de ses souffrances. Les Anges mesmes ne sçauroient dire ce qui en est. Il n'apartient qu'à ces deux cœurs sacrez de *Iesus*, & de *Marie*, de publier auec lelágage de leurs soupirs la verité de leur martyre. Ce n'est pas que nous ne puissions nous en imaginerquelque chose, pour nostre satisfaction ; Mais ce sont des plaisirs de songe, quis'éuanoüissét au réueilde la

raiſon. Ie veux dire que le reſpect &
la ſoubmiſſion en ces diuines penſees eſt la plus noble, qui puiſſe oc-
cuper, & contenter noſtre eſprit. Ie
vous veux faire voir pourtant, le portrait de mes conceptions ſur ce ſujet;
quoy qu'il ſoit infiniment eloigné
de mon pouuoir pour le comprendre.

Cette Vierge deſolee, animee d'vn
courage egal à ſon amour, fend la
preſſe de ces ſatellites qui entourent
de tous coſtez mon Redempteur, &
ſans trouuer de la reſiſtence, ſe iette à
ſes pieds. Sa langue veut parler, mais
ſon cœur qui ſouffreàl'egal de ce qu'il
ayme, a tant de choſes à dire, qu'il ſoupire continuellemét pourexprimer en
ſon langage, l'excez de ſa triſteſſe, &
de ſa douleur: Et ſes yeux impatiés de
parler à leur Soleil, ne peuuent point
attendre que le cœur ayt ceſsé de ſe
plaindre, ils repandent mille ruiſſeaux

de larmes, mais chaque larme eſt
vne harangue en myſteres de compaſſion, & de regret. De ſorte qu'elle eſt
contrainte de ſe taire, puis que ſes
pleurs, & ſes ſanglots parlent pour
elle, malgré elle. Son ame parle encore par les regards; mais ſi puiſſam-
ment, & auec tant d'eloquence,
qu'elle ſeule eſt capable d'en oublier
la perfection, ſi ſon humilité ne l'oblige à ſe taire.

Mon diuin IESVS, qui eſt plus a-
moureux, & plus affligé, comme ayāt
vne puiſſance plus noble, quoy que
l'objet ſoit moindre, repód en meſme
langage à tous ces diſcours du cœur?
à toutes ces parolles des yeux, & à
tous ces entretiens de l'ame, pleurant
ſoupirant, & regardant ſans pouuoir
iamais denoüer la langue. De ſorte
qu'il meſle ſes pleurs amoureux auec
les larmes toutes ſemblables de ſa
Mere, doù procede vne fontaine d'a-

mour , où se mirant tous deux ils
voyent reciproquemé [...] [...]eur de
leur aff[e]ction & [...] p[...]es.
Le vent de ses ianglots se ioint aussi à
celuy d[...] &
tous ensemble font naistre vn si funeste orage sur cete fontaine, qu'on diroit qu'ils y cherchent dedans leur
naufrage. Et leurs regards encore animez d'vne passion mutuelle, decou-
uroient en s'vnissant, les plus secretes
douleurs dont ils estoient tirannisez.

C'est en cette récontre, que l'amour
fait paroistre les plꝰ grãds efforts de sa
puissance: Car la Mere passionemét a-
moureuse du fils luy veut dire adieu.
Et ce fils qui ayme parfaitement cette
mere, voudroit aussi prédre cógé d'elle:
mais l'amour les réd egalemét muets,
& toutesfois; quelle merueille! ce silé-
ce amoureux est si eloquent, qu'ils se
separent sans parler, & s'ils n'ont rien
plus à dire; Amour, Amour, ie ne me

lasseray iamais d'adorer tes miracles.

Les bourreaux cependant, pour ne
demétir point céte qualité qu'ils portét, entrainét mō Sauueur au supplice
auec tant de violéce, que la Vierge ne
le peut suiure que de loing; encore at-
elle de la peine de treuuer l chemin
libre, parmy la foule du peuple, qui
acourt de tous cotez à ce spectacle.

Les charitables Dames de Hierusalé
portees d'vne sainte curiosité, sont de
la partie, en ce peniblevoyage du Caluaire, dōt elles arrosent le chemin de
leurs larmes, touchees d'vne genereu-
se cōpassiō. Et cōme il s'en trouue vne
parmy elles attainte de quelque maladie, elle s'auance & presente vn voile à
nostre Seigneur, lequel s'en essuyát le
visage, y marque dessus tous les traits,
& le luy rend à mesme temps. Mais
ce present fut accompagné de celuy de sa guerison. Ha Veronique te
voila guerie, & si ie te trouue aussi

malade que iamais ? Car ce diuin medecin en gueriſſant ton corps, a bleſſe ſi viſuement ton ame, quetu en ſoupireras iuſques à la mort; Mais ce ſeront des ſoupirs d'amour, qui te produiront des delices ſemblables. Ie te laiſſe en la conſideration de ta bonne fortune.

Courtiſans, ne vous ſemble t'il pas que cete Dame doibt eſtre bien riche, par le preſent que mon Sauueur luy a fait de ſon portrait? Mais vous debuez bien eſtre plus riches encore, puis que ce meſme Sauueur ſe donne tous les iours à vous dans le Sacremét de l'autel. Ce n'eſt point vne ombre, c'eſt vn corps ; ce n'eſt point vn crayon, ou vne image, c'eſt vne ame, & vne Diuinité tout enſemble, Et toutes-fois vous eſtes miſerables auec vn ſi riche threſor. Que ſi vous en voulez ſça-uoir la raiſon, vos ames criminelles vous les repreſenteront à toute heure.

Noſtre Seigneur n'eſt pas pluſtoſt arriué au pied de la Montaigne du Caluaire, qu'il tombe de foibleſſe encore vne fois ; Mais diſons pluſtoſt, que ſon amour l'affoiblit, parce que voyant dans ſa preſciéce, qu'vn nombre infini d'ames viendroient iuſques au pied de cette Montaigne, figuree par l'Echele de Iacob, ſans paſſer plus auant :

Et la repreſentation de cette verité, mettant de nouueau ſon cœur à la gehenne, il ſuccomba ſoubs la violence des douleurs. L'impatience touteſfois qu'il a d'acheuer ce ſacrifice de ſa vie, luy donne des nouuelles forces pour monter ſur cette montaigne de douleur, & chaſque pas qu'il fait en auant marque autant de vertus qui font autant d'echelons de cete echele myſtique de Iacob, par où neceſſairement il nous faut monter, ſi nous voulons eſtre ſauuez.

Vn seul homme se trouue par rencontre dans toute la Ville de Hierusalem qui aide à porter la croix à nostre Seigneur ; se treuuera-t'il encore vn seul Courtisan parmy vn si grand nombre, dont les cours des Rois sont pleines, qui presente ses espaules à ce fardeau. Ie sçay bien que les enuieux, les auares, les orgueilleux, & les martyrs du monde, & de la chair, portét leur croix, mais c'est sans IESVS-CHRIST. D'où vient que leurs trauaux, limitez dans le temps, se rendent eternels dans l'Eternité.

On en void d'autres, qui aux iours de penitence chargent leurs espaules d'vne pesante croix de bois, s'imaginant qu'ils sont parfaits à l'egal qu'ils sont chargez. La perfection de la vie Chrestienne ne consiste pas en ces actions de pieté, où la vanité se glisse souuent. Porter le mespris du monde dans le cœur, & l'amour de son

pro-

prochain dans l'ame , c'eſt porter la Croix de bonne grace; Mais il faut que ce meſpris , & cette amour nous accompagnent dans le tombeau , ie veux dire, qu'il faut porter cete Croix, iuſques au haut de la montaigne, à l'exemple de noſtre Sauueur.

Car ie le voy , ce doux IESVS, tout ſuant ſur le mont de Caluaire, & tout courbé encore ſoubs la peſanteur de ſa Croix. Il me ſemble que c'eſt vn nouueau Iſaac, chargé de bois, qui doibt ſeruir au ſacrifice Ie le voy encore haletant ſous ce fardeau apres auoir monté la montaigne de Mara, ie veux dire, du Caluaire: Mais , ô Pere tout puiſſant, ſi le zele du ieune Iſaac vous a eſté ſi agreable, apres auoir veu, ſa teſte , & ſon cœur également hu-miliez ſoubs le glaiue d'Abraham, que ſa ſeule volonté vous a ſeruy de victime , ayant reuocqué l'arreſt de mort, que vous auiez prononcé con-

M

tre luy. L'amour, l'obeiſſance, & l'humilité de voſtre cher fils ne ſont elles
pas aſſez grandes, pour vous obliger
à luy faire la meſme grace, voyant que
luy meſme a porté ſur ſes eſpaules,
comme vn autre Iſaac , le bois de ſa
croix, qui eſt le bois du bucher, où ſa
vie vous doibt eſtre offerte en holo-
cauſte ? Ha Pere eternel, comme vous
n'auez pas moins d'amour que luy,
n'eſtant en eſſence qu'vn meſme Dieu
auec luy, vous agreés qu'il nous ayme
iuſques au point d'en mourir, puis que
ſon amour, qui eſtla voſtre meſme, n'a
point de limites. Ie regarde touſiours
le ſilence en la meditation de ces diuins myſteres.

Cette ſainte Mere eſt encore au
pied de la montaigne , ayant eſte re-
tardee en chemin par les foibleſſes, où
ſa douleur extreme la reduiſoit à
tous momens : Et quoy qu'elle ſoit
des-ja hors d'haleine, par la l'aſſitude

l'amour la fait marcher si legerement, qu'elle ne sent point la terre soubs ses pieds ; comme si elle fouloit des-ja le Ciel, par auance.

Mais où allez vous si viste , ô Vierge adorable ? si l'amour vous a presté des ailes pour auancer vostre chemin, cette mesme amour vous les redemande maintenant , car quelle apparence, qu'auec tant d'amour vous puissiez souffrir de voir mourir l'vnique objet de vos affections? Arrestez dóc vn peu vos pas. Si vous vous aprochez dauantage de cette fournaise d'amour, vous courez danger d'estre reduite en cendres. He que seroit ce de nous ; si en perdant le fils, la mere ne demeuroit au monde pour nostre consolation ? Pardonnez moy l'audace de ces discours, Vierge admirable. Vostre pied peut bien broncher en ce chemin raboteux, que vous tenez ; mais vostre esprit est trop par-

fait pour rendre vos actions subjetes
à la censure: suiuez voftre route, il faut
neceffairemét, que voftre corps s'aille
ioindre à son ame.

Les Bourreaux depouïllent encore à nud mon Redempteur fur le
Mont de Caluaire. Et comme le sang
des playes coule fur fa chair & fa robe,
elles fe renouuellent, en la luy arrachant auec violence : Mais que peut
on adioufter à fes tourmens, pour
les rendre plus extremes?

Le Pretoire de Pilate vous a des-ja
veu tout nud , ô diuin IESVS, Et
maintenant vous vous expofez en
veuë à toute la Nature. Ce qui me fait
croire que le Ciel & la Terre doibuét
auoir emprunté des yeux, pourvous
contempler ; Mais que dis-je ? fi le
Ciel auoit des yeux, illes auroit des-ja
abifmez dans l'Ocean de fes larmes,
touché de voftre compaffion. Et fi la
Terre de mefme auoit la faculté de

vous voir, elle seroit des-ja dans le frisson de la fiebure, qui luy doibt bientost arriuer, tremblant de pitié, & d'e-
stonnement.

Courtisans, voicy encore vn nouueau subjet de confusion : vous seriez
honteux d'aller à la Messe auec vn rabat sale, ou avec vne freise qui ne fut
pas bien tenduë. Et mon Sauueur
s'expose à la risee du monde par sa nu-
dité ; de quel voile assez obscur cache-
rez vous vostre honte, en cet epou-
uantable iugement ? Seigneur faites
s'il vous plaist, que mon cœur soit
tousiours nud, & qu'il n'y aye iamais
aucun reply qui le couure. Que mon
ame aussi soit de mesme toute nue,
& sans cachete, affin qu'elle vous soit
plus agreable. Ie vous en offre les
vœux.

Quel nouueau spectacle donne de
l'effroy, & de l'espouuante à mon ame!
ie voy mon Sauueur estendu sur la

couche de ſa Croix , & trois bourreaux, également inhumains, en actió
d'y clouer ſes pieds ſacrez, & ſes mains
adorables. Le bruit des marteaux fra-
pe cependant d'vn meſme coup &
le cœur , & les oreilles de la Vierge:
De ſorte que ces bourreaux ſans y
penſer, clouent tout à la fois , ſur vn
meſme poteau, & le fils , & la Mere:
toutes fois il n'y a que les pieds & les
mains de mon Sauueur qui ſoient
percez. Il eſt vray ; Mais quoy que les
playes de la Vierge ſoient inuiſibles,
elles ne laiſſent pas d'eſtre auſſi grandes que celles de mon IESVS, & de
cauſer vne ſemblable douleur. Telle-
mēt que ſi le fils eſt attaché à la Croix,
la Croix eſt attachée à la Mere: le fils ré-
pand encore deux fois le ſang de la
Mere, puis qu'apres l'auoir receu d'elle, il le repand comme ſien. De ſorte
que la Vierge ſent eſpuiſer ſes veines, à
meſure que le ſang decoule de celles
de ſon fils.

Ce fils encore meurt deux fois , &
pour nous , & pour fa Mere ; pour
n'ous d'amour , & pour elle de douleur, reffentant vifuement les fiennes.
Et cette Mere en reuáche, fouffre deux
differentes morts , mourant par a-
mour, de voir mourir tout ce qu'elle
ayme; & d'affliction , voyant expirer
dans les tourmens , celuy qu'elle a é-
leué dans les delices. Qui pourra
comprendre les miracles de cette a-
mour? On ne peut rien adjouter aux
tourmens de la Mere, & les peines du
fils font en leur extremité. Qui nous
dira donc, combien-la Mere fouffre ?
& qui nous voudra exprimer la grandeur des fupplices , dont le fils eft
martyrizé? Ie recognois ma foibleffe,
j'aduoüe mon impuiffance, & publie
hardiment la confufion, & le defordre
où mon efprit fe trouue: paffe plus a-
uant qui ozera.

A peine ay-ie reprisle vent de mon
M 4

haleine pour respirer dans l'effroy, &
dans l'espouuante, où i'estois, que ie
tombe encore en pamoison à l'objet
de mon diuin Sauueur, que i'ay veu,
ce me semble, pendu à la Croix &
eleué en l'air. Mais dans l'estonnement où ie suis encore, la liberté de
parler m'est restee pour m'escrier! Ha
beau Soleil! vous aliez donc commen-
cer vostre carriere dans le Ciel de la
Iustice diuine, affin de nous donner
vn iour tout esclatant de grace. Que
dis-ie? le Ciel & le Soleil tournét tousiours; & vostre croix, qui est vostre cer-
cle, demeure fixe & sans mouuement.
Vous estes ce Soleil de Iosué arresté
au milieu de vostre course, pour
esclairer la des faite de vos ennemis,
à qui vostre mort prepare vne eternelle sepulture: ie ne m'estonne plus encore si l'air remplit tout, puis que vous
vous estes fait esleuer en l'air! Ha,
beaux oyseaux, que les espaces de vo-

ſtre empire ſôt glorieux, puis que voſtre Createur meſpriſe le ſejour de la
Terre, & celuy de l'onde, pour loger
dans vos grands palais!

Vous voila donc, ô mon IESVS,
ſur cette couche Royalle, que vous
vous eſtes preparee de toute eternité
dans voſtre preſcience.

Vous voila en fin monté ſur cet arbre de vie, dont Adam auoit derobé
la pomme, affin de la rattacher vous
meſme, à la veuë de tout le monde.

Vous voila ſur ce troſne de Miſericorde, où vous vous eſtes ſouhaité
auec tant de paſſion, pour intheriner
nos letres d'abſolution, & de grace.

Vous voila au plus haut de cette
échele de Iacob, pour nous ayder à
monter dans le Ciel de voſtre gloire.

Bel aſtre du iour, ie ne m'eſtonne
point de ta fuite; la honte, la pitié, ou
l'eſtonnement ſont aſſez puiſſans pour
te chaſſer.

Eſtoiles ne verſez plus vos influences ſur la terre ; ce Soleil d'amour
qui ſe leue ſur cette montaigne, arrou-
ſe toute la nature d'vne ſi celeſte
liqueur, qu'elle ne produira plus que
des fleurs & des fruits.

Vous fontaines & ruiſſeaux re-
brouſſez chemin , & fuyez le ſein de
voſtre mere, pour vous ioindre au giron de voſtre pere, puis que c'eſt voſtre vnique ſource.

Et vous, ô mon Sauueur, ie ne m'e-
ſtonne pas ſi vos mains ſont clouées,
puis que l'aymant attire le fer; Car vo⁹
eſtes vn vray aymant qui attirez par a-
mour ces cloux, affin d'en porter les a-
moureuſes bleſſures. Attirez dóc mó
cœur, s'il vo⁹ plait, puis qu'il eſt d'vné
auſſi froide trempe: ie m'é reſerueray
l'eſperance comme i'en ay le deſir.

Ie vous adore ſur cette Croix adorable , où vous eſtes pendu pour mes
ſeuls pechez: Car ie veux croire que ie

vous ay plus offencé moy seul , que
tout le monde ensemble. Vous auez
beau estre esclaue;ie vous adore,com-
me tout puissant. Vous auez beau estre
mocqué , & mesprisé; tous mes nerfs,
toutes mes veines, tous mes atteres,
mon cœur,mon ame, & tout ce qui est
en moy, est continuellement rabaissé,
& humilié deuant vostre diuine Majesté, iusques au centre de la terre. Ie ne
vous offre rien , parce que ie n'ay rien
digne de vous,fors que l'esperáce que
i'ay en vous mesme,comme infinimét
misericordieux, & moy extremement
coupable.

Courtisans,ie n'ay plus de voix,l'ancre me deffaut, & la plume me tombe
des mains : voyez ; & contemplez ce
tout que i'ay à vous dire.

LE
BREVIAIRE
DES
COVRTISANS

A VESPRES.

CHAPITRE. VI.

Pater dimitte illis, quia nesciunt quid faciunt.

O VRTISANS, n'assi-
sterez - vous point en-
core à ce dernier office
de la Passion, où mon
Sauueur employe les
derniers efforts de sa voix mourante

pour demander à son Pere le pardon
de vos crimes. *Pere pardonnés leur.* Il n'a
rien de libre que la langue, & il se sert
de sa liberté, pour rompre vos fers,
& vos chaisnes, en disant tousiours,
Pere pardonnez leur. O diuin IESVS!
ie reuiens dans mon premier estonnement : mon esprit offusqué de l'esclat de vos mysteres, n'est plus capable de raison ; ie ne sçais où i'en suis,
quand i'entends d'vn costé ces hommes du monde qui crient, *qu'on vous
fasse mourir.* Et vous, mon Sauueur,
de l'autre qui demandez à haute voix
leur grace pour les faire viure eternellement : les Bourreaux criét, qu'on
le cloue à vn poteau, & le patient cloué
crie qu'il meurt pour eux ; à condition qu'ils viuent. Les coulpables
demandent le sang, & l'innocent le
repand pour effacer leurs crimes. Pe-
re pardonnez leur ; Et craignant encore que les foudres du Ciel ne reduisét

es

en cendres ces ames cruelles, & im-
pies, il pleure pour en esteindre les
feux. *Pere pardonnez leur* : Car quoy
que le sang d'Abel respandu vous aye
autres-fois demandé *Iustice*, le mien
ne vous demande que *Misericorde.*
Pere pardonnez leur. Que s'ils ne vous
offrent point des souspirs de repentence, ie vous presente des larmes de
compassion, affin que vous ayez pitié d'eux. *Pere pardonnez leur.* Quoy?
Aaron en vous donnant de l'encens
feroit exaucé : Hé! comment me pour-
riez vous refuser la grace que ie vous
demande, puis que ie vous donne
tout le sang de mes veines? *Pere pardonnez leur.* Les espines que ie porte
sur la teste, les cloux qui me percent
les mains, & les pieds, & en fin toutes les playes dont i'ay le corps couuert, son autat de languesqui vous en
prient. *Pere pardonnez leur,* Car vous
sçauez; bien que c'est l'amour plustost

que ma cruauté qui m'a reduit en l'eftat où ie fuis. Pardonnez leur donc par amour, puis que mes bleffeures font toutes amoureufes. Ie fuis bien aife que vous n'auez pas exaucé mes prieres dans le iardin, puis qu'il ne s'agiffoit que de mon intereft. Mais maintenant qu'il y va du falut de ces pauures creatures, ne me refufez pas, s'il vous plaift, cette grace que ie vous demande : *Pere pardonnez leur.* Vous les auez crées à voftre image, & à voftre femblance; voudriez vous deftruire l'ouurage de vos mains ? *Pere pardonnez leur.* Que s'ils ne vous offencent que par l'iniure qu'ils me font; fouffrez, s'il vous plaift, que l'eau de mes larmes en efface la tache, ie ne leur demande rien, *Pere pardonnez leur, ils ne fçauent ce qu'ils font.* Ces Iuifs toufiours enragez. apres auoir lafché tous les traits de leur fureur contre ce doux IESVS,

ils se seruent encore de leurs langues
venimeuses pour affliger ses oreilles
par mille sorte de blasphemes. Si tu
es tout puissant, disent ils, descend de
la Croix , & nous t'adorerons. Seigneur permettez moy , s'il vous plaist,
de vous dire auecqu'eux, que vous dé-
cendiez de vostre Croix, non pas pour
faire paroistre vostre puissance , puis
que ie n'en doute point: mais plustost
pour me donner vostre place, comme estant deux fois coupable ; & du
mal que i'ay fait, & de celuy que vous
souffrez. Tellement que ie vous prie
de descendre de ce poteau, affin que
i'y monte pour y estre attaché.

Courtisans, ozerez vous bien porter encore la passion de vengeance
dans l'ame, voyant ce doux Saueur
aux abois de la mort, & en action de
s'escrier, & de demander la vie pour
ces bourreaux qui la luy arrachent du
sein, peu à peu, affin de le faire mou-

rir mille fois d'vn seul coup. Vous voyez comme dans l'aspreté de ses tourmens, n'ayant à vous donner que des sanglots & des larmes, il s'escrie en pleurant , & prie son Pere qu'il vous pardonne, côme s'il auoit desja oublié toutes les iniures que vous luy auez faictes. C'est pourquoy il demâde vostre grace à son Pere , pour luy tesmoigner, qu'il vous a des ja pardôné.

Quoy donc ? vous tremperez vos mains dans le sang de vos ennemis, tandis que mô Redempteur repand le sienen sacrifice sur l'autel de la Croix pour obliger son Pere à faire grace à ceux qui le crucifient ; Vous irez vous assassiner sur vn pré , tandis que ce mesme Redempteur arrose son visage de ses dernieres larmes, pour appaiser le iuste courroux de son Pere?

Pere pardonnez leur, dit il? Et vous criez comme les Iuifs deuant vostre ennemy , *qu'il meure.* Quel langage tien-

drez vous aux abois de la mort? Car
ſi vous demandez pardon, quelle apparéce que Dieu vo⁹ l'accorde, aprez
l'auoir refuſé à tout le monde ? Vous
reſpirez cótinuellemét dans le deſſein
de vengeance, & vous voulez mourir
vengé & pardonné: iugez, que ſeroit-
ce de vous dans vos fureurs, & dans
vos rages, ſi voſtre pouuoir ſuiuoit
voſtre volonté. La Terre n'auroit pas
aſſez d'abyſmes pour engloutir vos ennemis. Et mon Sauueur auec ſa toute
puiſſance, au milieu de ſes tourmens
n'a de voix que pour crier *Miſericor-*
de, en faueur de ſes ennemis, *pere par-*
donnez - leur.

Ames du monde, ioignez vos
prieres à celles de mon Sauueur, &
dittes auec luy, que vous pardonnez à vos ennemis, affin qu'il vous
faſſe vn iour miſericorde. quelle grace pouuez vous eſperer, ſi vous n'en
faictes point? vous offécez vn Dieu, &

ce mesme Dieu !vous pardóne; & si
voftre femblable vous choque tant
foit peu, vous hazarderez voftre vie,
pour luy ofter la fienne. Iugez fans
paffion, fi ce crime peut eftre iufte-
ment puny, que dans les Enfers.

Pere pardonnez leur, dict ce doux
IESVS : *Car ils ne fçauent ce qu'ils
font.* Mais comment direz vous cela
de nous, ô adorable Sauueur, puis
qu'au mefme temps, que nous vous
adorons fur l'autel de voftre Croix,
comme createur, & comme Redempteur, nous offenfons voftre diuine
Maiefté auec toutes fortes de mefpris, par nos offences mortelles. Si les
Iuifs font en quelque façon aueugles dans leurs actions ; nous pou-
uons nous preualoir de leur aueuglement puis que le flambeau de la foy
nous efclaire ? implorez donc Seigneur, s'il vour plaift, noftre grace, de
voftre Pere tout puiffant, non pas

comme ignorans , & comme aueu-
glez; mais pluſtoſt comme trop ſça-
uans en noſtre peché , par la cognoiſſance que nous auons de noſtre
malice , de ſorte , Seigneur , que
l'enormité de nos crimes vous oblige à changer les termes de voſtre
requeſte , & de voſtre priere , & à dire : *Pere pardonnez leur , parce qu'ils ne
ſçauent ce qu'ils font.* Il eſt vray , Seigneur , noſtre malice n'eſt point a-
ueugle que du coſté de voſtre grace,
ne pouuant eſtre eſclaircie dans les tenebres qui l'enuironnent touſiours;
que par les feux de nos paſſions ; mais
elle y voit aſſez clair pour cognoiſtre
ſon peché. Ce qui le rend ſi enorme,
que la peine n'en peut eſtre qu'eternelle & voſtre ſeule miſericorde eſt
cette eſtoile de mer, qui nous donne
l'eſperance du port parmy les eſcueils
& les orages d'vn grand nombre de
crimes à tous momens renouuelez,

Car quoy que les attributs de voſtre iuſtice & de voſtre miſericorde ſoient egalement infinis en vous, ne faiſant qu'vne meſme choſe auec vous meſme; il me ſemble pourtant, ſi vous me permettez de le dire, que vous eſtes ſeulement tout miſericordieux, puis que voſtre iuſtice meſme n'eſt que miſericorde. Si les flammes des damnez pouuoient parler, elles publieroient voſtre bonté, plutoſt que voſtre iuſtice, parce que leurs ardeurs ne ſont pas ſi extremes, que les pechez que vous puniſſez par elles, ſont grands.

Miſericorde donc, Seigneur, puis que vous eſtes tout miſericorde Vous priez pour ceux qui vous ont crucifié, & priez donc pour moy ; car mes pechez vous crucifient tous les iours. Que ſi vous ne priez que pour ceux qui ne ſçauent ce qu'ils font, il faut que ie vous aduouë, Seigneur, que veritablement ie ne sçay ce que ie fais quand ie vous offence ; ie sçay bien selon ma façon de conceuoir, dont la foy m'a donné la puissance, que i'offence vn Dieu en vous offençant; mais ie ne cognois rien de vostre diuinité, que ce seul nom de Dieu. Ce n'est pas que je n'aduouë que le Ciel, la Terre, & tout ce qui est en la nature, sont les ouurages de vos mains, & que dans la perfection de ces œuures ie n'adore vostre puissance. Mais tous ces effets, quelques admirables qu'ils soyent, ne nous disent rien qui aye du rapport à la grandeur, & à la majesté de leur cause. De sorte que si mon espoir pouuoit penetrer les Cieux, comme celuy de ce premier Martyr, qui se fit vne échele de pierre, pour monter dans vostre Empirée, il seroit continuellement en action d'encenser vos autels, & de benir vos temples, plutost que de les profaner.

Ie ne sçay donc ce que ie fais, Seigneur, quand ie vous offence, ie veux dire, que ma volonté qui ayme naturellement le bien, comme son vnique obiect, a vne cognoissance si imparfaite de vostre bonté, qu'elle s'esgare tousiours dans les voyes de mon salut, suiuant le bien faux, & imaginaire, au lieu du veritable & du permanent dont vous estes la source.

Ie ne sçay ce que ie fais quand ie vous offence, il est vray : Car comment se pourroit il faire, que ie fusse raisonnable sans raison, & que mon iugement ne fust point alteré dans le desordre, & dans la confusion des pechez que ie commets tous les iours ? Ie me mets donc du nombre de ceux pour qui vous priez, Seigneur, quoy que ie sois mille fois plus coupable, Mais cet aduantage me demeure dans mon malheur, de sçauoir que vostre misericorde est infi-

nie, & que mes offences font limi-
tées de forte que l'efperance de ma
guerifon, adoucit la rigueur de mes
maux.

Ie vous prie donc, ô doux Sauueur.
auec le bon larron, de vous fouuenir
de moy, dans le mefme deffein que
i'ay de derober vos bonnes graces.
Sonuenez vous de moy, dict ce larron
parlant à mon I E S V S, puis que
vous m'auez creé à voftre femblance,
à fin que les demons ne fe preualent
point de voftre ouurage. *Souuenez
vous de moy*, puis que vous eftes décendu exprez du Ciel en terre, pour
me rachepter : voudriez vous qu'vn fi
penible voyage me fut inutile ? *Souuenez vous de moy*, ie ne vous demande autre chofe : Car voftre fouuenir
eft ma gloire, & mon Paradis O *diuin
Larron*, que tes crimes ont efté heureux dans leurs fupplices, puis qu'en
te faifant condamner à la Croix, fon

poteau te fert d'efchele pour monter au Ciel. O *admirable Larron*, mais plus admirable encore ta volerie, puis que tu voles le Paradis , & par vn ftrata-geme digne de toy feul , tu trouues l'inuention d'en crocheter les portes, pour y entrer le premier. *O fortuné Larron* ! tu fais autant de miracles, que tu prononces de paroles : Car les prononçant auec vne foy toute mira-culeufe,& auec vne amour toute fem-blable, ces parolles font fi puiffantes, qu'elles remportent l'Eternité pour triomphe. *Ha cher Larron*! dif-je,enco-re, que ton fort feroit digne d'enuie fi le bien s'en pouuoit efperer ; car quád ie confidere,que de toute eternité cet adorable Sauueur t'a eleu , & choify dans fa prefcience pour eftre com-pagnon de fon martyre, & au mefme temps heritier de fa gloire, par vn feul acte d'amour, & de foy ; mon efprit fe perd delicieufement dans la medi-

tation de cette bonté infinie, qui s'est
delectee à te combler debonheur. Tu
ne demandes point à ce Tout-puissant
qu'il prolonge ta vie , puis que tu
meurs de joye, mais seulement , *vn
souuenir.* Tu ne pretens point de ce
Createur du Ciel , & de la terre, des
grandeurs, ny des richesses, puis que
ta pauureté te rend le plus riche du
monde ; mais seulement *vn souuenir:*
sans mentir ie m'estonne de tes discours. Tu ne pries point ce grand Dieu
de te pardonner & de t'aymer, mais
seulement , *de se souuenir de toy.* Et
toutes-fois tes prieres sont accópaig-
nees de tant d'amour , & de tant de
grace, que ce doux Iesus te donne tout
à la fois, & son cœur; & son Paradis.
Comment diray-ie pour exprimer la
grandeur de tes felicitez, puis qu'elles ne souffrent point de comparaison
qu'auec elles mesmes? de dire que tu
és heureux comme Abraham, ce n'est

que reprefenter vne partie de ton
bonheur, puis que ceS.Patriarche foupire encore dans fa captiuité , durant le temps de ton triomphe. De
mettre en auant , que tu és le fauory,
le bien aymé du Seigneur, cóme Dauid , il faut que ce royal Prophete te
quicte la prefeance, puis que fes fers,
& fa prifon n'ont point de rapport à
la gloire de ta franchife, ny à la grandeur des delices dont tu jouis. Chofe eftrange! ce larron meurt en larron,
apres auoir fait ce meftier toute fa
vie. Il n'a vefcu que de brigandage,
& il vole encore en mourant , mais
qu'elle volerie peut - il faire, ayant les
mains & les pieds clouez? Son efprit
luy dicte cette rufe de voler le Ciel, en
prefence de fon Createur, & il reuf-
fit fi heureufement, qu'au lieu d'eftre
chaffé du Paradis par fon larrecin
comme Adam; le Paradis au contraire luy demeure pour recompenfe de

ſes voleries. Seigneur ie veux eſtre larron, non pas comme Adam, d'vne pome ; non pas comme Rachel, d'vne Idole ; non pas comme Dauid, d'vn peu d'eau ; mais plutoſt comme ce Larron crucifié, afin de me rendre riche à iamais par mes voleries, puis que le prix eſt d'vne gloire eternelle. *Seigneur* , dict ce cher Larron : *Souuenez vous de moy quand vous ſerez en voſtre Royaume.* Mais pourquoy dict il quand il ſera en ſon Royaume ? le ſecret en eſt beau; c'eſt qu'il apprehende que ce Sauueur ne le comble de plaiſir , de felicité en ce monde, où il ne veut plus viure, voyant que ſon Seigneur eſt aux abois de la mort. De ſorte qu'il le prie de ſe ſouuenir de luy quand il ſera en ſon regne, c'eſt à dire, dans le Ciel , parce qu'il ne pretend rien de la terre. O ſubtil larron ! que tes artifices ſont admirables, puis que par ton induſtrie toute miraculeuſe, tu derobes les affections de ton Dieu, iusques au point de le forcer amou-reusement à te dire : *Au iourd'huy tu feras en Paradis auec moy.* Quelles charmantes paroles ! Helas! Seigneur, permettez moy , s'il vous plaist , de vous representer dans mon estonne-ment que vous n'auez pas parlé de la sorte, à vostre bien aymé, ce glorieux S. Estienne Capitaine des Martyrs. Quoy que l'amour qu'il auoit pour vous, fut mille fois plus dure que la pierre, n'ayant iamais peu estre ebran-lé dans sa constance, à coups de pier-res. Que s'il a veu en mourant les cieux ouuerts , ce larron y est entré dedans auant que mourir ; faisant sa premiere entree dans vostre cœur, ou il a trouué son Paradis. Vous auez dict de S. Iea Baptiste, apres l'auoir sanctifié dez le ventre de sa mere : *Que c'estoit le plus grand , & le plus heureux de tous les hommes.* Et toutesfois il me semble

que

que ce larron eſt éleué dans vn trône de gloire plus eminent, puis que ie
le contemple aſſis à voſtre coté ſur
vne couche royale toute pareille à la
voſtre , au meſme inſtant que ce
grand Prophete reſpire dans les limbes, le doux air de l'eſperance de ſon
ſalut. Quelle grace où l'on ne peut
panſer ſans ſe perdre dans l'eſtonnement de ſa grandeur ! Car tout y eſt
également adorable , & incompre-
henſible. Mais il eſt important de
conſiderer, que la miſericorde de Dieu
n'eſt pas compriſe par le nombre,
bornee par la fin, ny racourcie par la
meſure. Elle eſt touſiours aux eſcoutes des ſoupirs de repentance ; Elle
n'impoſe point à ce larron conuerty
le ieuſne, ny le cilice, parce que la foy
de ſon cœur, & la côfeſſion de ſa bouche , mettent ſon ſang à ſi haut prix,
qu'il remporte toutes ſortes de couronnes. S. Cyprian s'eſtonne , & dit,

O

que les larrons ſont punis de mort pour leurs voleries, & ce brigand a la vie eternelle pour recompenſe.

Auiourd'huy tu ſeras en Paradis auec moy, dites-vous à ce larron. Quel prix d'honneur incomparable? Mais quelles peuuent eſtre les œuures pour l'acquerir? Ce larron ſe tourne deuers vous pour vous admirer: la merueille n'en eſt pas grande, puis que vous eſtes ſi admirable. Son cœur ſoupire à meſme temps de voſtre amour, où en eſt l'eſtonnement, puis que vous eſtes aimable en perfection? Sa langue en ſuite publie voſtre gloire, les rochers inſenſibles en font bien autant. Et pourtant vous luy dites : *Qu'il ſera auiourdh'uy auec vous en Paradis.* Quel excez de recompenſe. S. Iean! vous a admiré auant ſa naiſſance, lors que vous eſtiez encore dans le ventre ſacré de la Vierge. Et depuis cet heureux moment, ſon cœur a eſté

comme vn autre foucy, toufiours en
foucy de vous contempler comme
fon Soleil. Dauid vous a tant aymé,
que vous l'auez appellé voftre bien-
aymé ; & fi voftre amour ne l'euft fait
mourir, il eft croyable qu'il eût efté
comme immortel. Les trois Roys
vous ont adoré dans vne eftable, &fur
vn trône de foin, &de paille; & auec
tout cela ils fouffrent encore les peines de leur exil, de mefme que S. Iean.
& ce Royal Prophete. Ie commence à découurir le myftere.

Ce larron veritablement n'a fait
que tourner les yeux vers vous, pour
vous admirer; mais ces regards d'admiration, qu'il vous iette, dans les
miferes volontaires où vous eftes re-
duict, meritent plus d'autels, qu'il n'y
a de temples fur la terre. Son cœur
blefsé de voftre amour, en foupire feulement, il eft vray ; mais fes foupirs
amoureux n'ont point de prix, par-

ce qu'il vous ayme parfaitemét dans les apparences sensibles de vostre impuissance, & de vostre foible sse : sa langue aussi n'a point esté muette pour publier vostre gloire ; ie l'aduouë, encore , mais ç'a esté au mesme temps, que les Iuifs preparoient vn tombeau pour l'enseuelir : ie veux dire, que si les Roys ont adoré ce diuin Soleil en son Orient, les sacrifices, que ce larró luy rend sur l'autel de la Croix, sont beaucoup plus glorieux , puis qu'il l'adore en son Occident.

Ie veux croire toutes-fois , ô doux Sauueur, que vous eussiez donné vostre Paradis à tous ces grands Prophetes ensemble, si la porte en eût esté ouuerte. Et ce larron vous ayant demandé l'entrée sur le point que vous auiez la clef à la main , vostre bonté infinie ne la luy a peu refuser. *Auiourd'huy tu seras en paradis auec moy.* Il me semble qu'on ne sçauroit

parler affez dignement des merites de
ce larron : Car fans mentir, il fait en
fi peu de temps, de fi grandes merueilles, que les termes nous manquent
pour en publier la gloire. Abraham,
Efaye, Moyfe, & Ezechiel, eurent
vue grande foy ; ie l'aduouë : mais
l'vn parloit tous les iours à Dieu,
l'autre l'auoit veu en fa maiefté ; celuy la l'auoit contemplé dans le buiffon ardant, & celuy-cy enuironné de
es Seraphins : mais ce larron n'auoit
amais parlé à noftre Seigneur que
our le prier de fe fouuenir de luy ;
il ne l'auoit veu que fur le buiffon
fanglant de fa Croix, & entouré
de bourreaux au lieu de Seraphins :
Et toutes-fois, quelle merueille ! il
croit de cœur, & confeffe de bouche, que ce Redempteur eft tout-puiffant, quoy qu'il foit efclaue : De forte qu'il metamorphofe dans fon efprit le poteau où mon Sauueur eft

cloüé, en vn throsne de gloire, l'ado-
rant dans les supplices, où il le voit
agoniser. auec tant de respect, &
d'amour, que s'il estoit assis à la dextre
de Dieu son Pere. Suiuons nostre
route.

Il y en a qui nous ont laissé par es-
crit ceste pensee, que l'ombre de mon
Sauueur eut cette vertu d'illuminer
l'esprit de ce larron : & en cela le merite de la cause nous oste l'admiration
de l'effect, tout en est croyable. Mais
ie puis dire, que si l'ombre de mon Redempteur est capable d'animer le
cœur de roche de ce larró, de denoüer
sa langue, & de luy dicter des paroles si puissantes ; Quels miracles
ne peut pas faire en nous ce corps pre-
tieux, & adorable de mon Sauueur,
que nous receuons tous les iours? Et
toutes fois nos cœurs demeurent
dans leur insensibilité, & nos langues
dans leur begayement; ou si nous par

lons, c'eſt pour forcer noſtre Seigneur à nous oublier, pluſtoſt qu'à ſe ſouuenir de nous. Courtiſans, ie vous laiſſe encore cete verité pour entretien.

Stabat Mater doloroſa, iuxta Crucem. La mere de mon Sauueur demeuroit ferme au pied de la Croix. Ha fille de Sion, ie puis bien dire hardimét auec le Prophete Hieremie parlant de vous, que ie ne ſçay à qui vous comparer en vos ennuys, ſi ce n'eſt à vousmeſme ; puis que les douleurs que vous ſouffrez ne ſe peuuent endurer que par vn cœur genereux comme le voſtre : la cruauté n'a rien d'inhumain , les ſupplices n'ont rien de rigoureux, & toutes les morts du monde n'ont point d'aigreur, ny d'amertume, qui ſe puiſſe comparer aux douleurs dont vous eſtes attainte. Car qu'eſt ce qu'il a de cruel comme la tyrannie qu'on exerce contre vous? quel ſupplice eſt rigoureux à l'eſgal de

voftre tourment ; & quelle, mort peut
auoir l'amertume ; dont vous eftes
abreuuee, ie tiés qu'il eftimpoffible de
penfer viuement à la grandeur de voftre affliction, fans en mourir de pitié,
ou de douleur. Mais ce trefpas me
femble fi doux, que ie voudrois l'en-
courir à toute heure, pour pouuoir
mourir autant de fois, que vous auez
ietté de foupirs, & répandu de larmes.
Et ne pouuant en auoir que le defir, il
mourra au moins auec moy.

On lit d'Agar, que voyant fon fils
aux abois, le courage luy deffaillit dás
la perfection de fon amour, ne pouuát
iamais fe refoudre à le voir mourir ; il
me femble pourtát que cette foibleffe de courage témoignoit la force de
fon affection : puis que par vn excez
d'amour, elle ne peut voir mourir celuy qu'elle ayme par excés.

Mais voicy de differentes merueilles, fur vn pareil fujet. Agar pleine d'a-

mour pour son fils le delaisse en mourant, affin de témoigner cette mesme
amour par sa fuite. Et la Vierge, cette
fidele Amante, qui ne viuoit que pour
aymer son adorable fils, demeure au
pied de la Croix où il est crucifié,
pour mourir mille fois de regret, en le
voyant mourir vne seule fois de douleur. Iugez maintenant, quelle de ces
deux doit emporter le prix de l'A-
mour.   Voicy vn nouueau sujet d'e-
stonnement.

Parce que le fils endure les tourmens de la Mere, cette verité est le
plus cruel de tous ses supplices. Et de
mesme aussi, parce que la Mere souffre toutes les peines du fils , il se
sent gehenner d'vn nouueau martyre, qui ne se peut exprimer. En quels
termes parleray-ie donc de vostre
affliction , ô Vierge desolee , si sa
grandeur rend les Anges muets; On
voit bien que vos yeux répandent des

larmes, mais on n'en cognoit pas la source. On peut bien aussi entendre le doux bruict de vos soupirs, mais leur iuste violence est aussi secrete qu'extreme. De sorte qu'on ne peut mediter sur la nature de vos larmes, parce que la plus petite goutte est capable de noyer les plus subtils esprits. Et il en est de mesme de vos soupirs, on n'ose s'étudier à cognoistre leurs efforts, puis que le moindre coup de leur vent met en desordre toutes nos pensées. Publiez donc vous mesme vos douleurs, ô Vierge desolee, ie vous le dis encore, si vous voulés, qu'on les cognoisse. Mais comment les publierez-vous, si leur excez les réd muetes? Et quand vous les publieriez comment pourrions-nous conceuoir leur grandeur? Vous en demeurerez donc, s'il vous plaist, dans vostre silence necessaire, & nous dans l'humble confession de nostre foiblesse.

I'entends toutes-fois que mon Sauueur parle à vous, ne rompez vous point voftre filence? *Femme, voila ton fils*, dit-il de S. Iehan, & à toy mon bien aymé, *Voila ta Mere*. Mais il me femble, ô Vierge facree, que ces paroles au lieu de vous dénoüer la langue, vous ferment la bouche : Car quelle eftrange metamorphofe! Vous auez vn Dieu pour fils, & ce fils tout diuin fe metamorphofe tout à coup en vn fimple homme : ie veux dire que le Createur deuient creature, en donnant fon nom, & fa qualité de fils, à fon difciple. Cóment pourrez-vous fouffrir ce changement, ô mere defolee ! auant que la mort vous rauiffe voftre cher fils, par vn excés de douleur, ce mefme fils fe rauit luy mefme par vn excés d'amour, vous donnant pour fils celuy de fes affections, affin que vous ne perdiez la qualité de Mere : *Femme, voila ton fils*, Mais quelle

apparéce, Seigneur, que cetteVierge,
toute sainte , & toute adorable , qui
vous a donné son cœur , & son ame
pour gage de son amour , puisse con-
tracter vne nouuelle amitié , pour ce
nouueau fils, que vous luy dónez. Vos
perfections,Seigneur,s'opposent à l'o-
beyssance,qu'elle vous doibt. Car elle
ne peut aymer en qualité de mere,
qu'vn fils, qui soit parfait cóme vous?
Et d'autant que vous cstes incomparable en toutes choses, ses affections
vniques ne peuuent auoir d'autre
obiet que vous. Et toutes-foisvous dites, ô doux IESVS, *Femme,voila ton fils*:
elle ayme beaucoup mieux estre pri-
uee de fils pour trois iours,qu'en prendre vn nouueau durant vostre absen-
ce.Que si vous le desirez absolumenr,
donnez luy vn autre cœur, & elle con-
tractera d'autres affections pour vous
complaire : Mais si vous ne changez
son humeur,& son inclination, la par-

faite volonté, qu'elle a de vous obeyr, luy demeurera inutile ; *Femme, voila ton fils.* Ha Vierge! quel eschange faites vous auiourd'huy ? ce fils engendré de toute eternité par son Pere éternel, est metamorphosé maintenant de nom, en vn de ses Disciples : Car il porte la qualité de vostre fils ; & vous celle de sa Mere. *Femme, voila ton fils* ! He comment vous dira t'on, *pleine de grace*, dans la disgrace où vous estes ? *Que le Seigneur est auec vous*, puis qu'il vous laisse entre les mains de son Disciple? *Que vous estes benite sur toutes les femmes*, au bruict des maledictions qu'on vous donne ? *Et que le fruict de vostre ventre est comblé de bon-heur*, le voyant pendu à vn arbre, sur lequel toutes les malignes influences du Ciel tombent en abondance? *Femme, voila ton fils*: Elle aura donc deux fils, ô diuin IESVS : Car quoy que vous mouriez sur la Croix, vous viurez eternellement, & dans son

cœur & dans son ame ; Et comment
voulez vous que durant vostre vie elle se die Mere de deux fils, puis que
vous estes son vnique ? *Femme, voila
ton fils*, cette Vierge, tousiours adorable, reçoit vne nouuelle qualité de
mere ; pour accepter ce nouueau fils:
& au mesme temps que son oreille est
frapee de la triste harmonie de ces diuines paroles, son cœur est blessé d'vn
trait d'affection, mais d'vne affection
de mere, pour ce S. Disciple, puis que
son fils l'a honoré de ce nom. Quelle
obeyssance ! Toutes ces felicitez ensemble sont comprises en ceste seule
qualité qu'elle porte, de Mere de fils
de Dieu, & au plus fort de ses afflictions elle agrée le rauissement qu'on
luy faict de ce titre, receuant auec humilité pour fils, vne creature ; estant
Mere du Createur. Ce diuin Iesvs,
desirant faire vn nouueau Testament
en faueur de sa Mere, & de S. Iean, ne

fçait que leur donner. Mais comme
l'amour luy donne cette enuie de leur
faire present, l'amour mesmes luy
en donne l'inuention, vniſſant d'al-
liance cette Vierge auec ce Diſciple, &
cette vnion qu'il fait, eſt vn preſent ſi
riche qu'il n'a point de prix : Car ce
doux Redempteur en donnant à ſa
Mere ſon Diſciple, il luy donne tout
ce qu'il ayme ; & de meſme auſſi donnant ſa Mere à ſon Diſciple, il luy fait
vn preſent de Dieu : Quel miracle de-
grace, en ſon excez?

Mais quelles amoureuſes merueilles reluiſent en ce commandement amoureux de mon Sauueur, &
en cète obeiſſance toute ſéblable, de
la Vierge ? Ce fils ſe voyant attaché à
vn poteau s'efforce d'en oſter la honte à ſa Mere, en luy donnant vn autre
fils ; comme s'il eſtoit honteux luy
meſmes d'auoir vne mere, en ce deplorable eſtat, où il eſt reduit. Voila

pourquoy il dit : *Femme, voila ton fils.*
Car ie ne suis pas celuy que les Roys
ont adoré sur l'autel de ton giron;
mais plutost celuy que les Iuifs im-
molent sur l'autel de la Croix. Ce qui
m'oblige à t'appeller *Femme*, dans
mes douleurs, & à te donner vn autre fils dans mes miseres. Ie veux bien
te recognoistre pour mere, dans le
temple sur la montaigne de Thabor,
ou sur le riuage du fleuue Iordain,
mais non pas dans le iardin d'Oliuet,
mais non pas dans le Pretoire de Pilate, mais non pas sur le mont de
Caluaire. *Femme, voila donc ton fils.*
Car quel honeur te ferois-je de t'appeller ma Mere, me voyant cloüé à
vn poteau, entre deux larrons? *Femme, voila donc ton fils,* affin que l'ignominie de ma mort ne reialisse point
sur ta vie. *Femme voila ton fils,* iusques
au iour de ma Resurrection. Il faut
que mon Disciple porte ce nom de
ton

tonFils, & toy de celuy de fa Mere, durant le temps de mon abfence. Mais voyons maintenant le reuers de la medaille.

Le Fils veut honorer la Mere, en luy donnant vn noûueau Fils, Et la Mere glorifie le Fils, en receuant pour Fils fon Difciple, d'autant qu'elle s'humilie par cét efchange qu'elle fait du Fils de Dieu au Fils de l'homme. Le Fils dans fa baffeffe veut efleuer fa Mere, en luy oftant ce nom; & la Mere par fon humilité veut agrandir le Fils, fe difant Mere de fon feruiteur. Qu'elle attaque? Mais quelle deffence, où l'amour triomphant paroift vaincu, & où l'humilité vaincuë emporte la Couronne? Le Fils Crucifié appelle femme fa Mere; affin qu'on la mefcognoiffe pour Mere: Et la Mere mourante pour fon Fils luy rend ce glorieux tiltre de Mere, qu'il luy a donné, fe iugeant indigne de le porter, ou fi

elle le porte encore pour luy complaire, ce n’eft plus d’vn Dieu & homme,
mais d’vn homme feulement.

O adorable combat, où le vainqueur
eft defarmé, & où le triomphant reçoit la Loy, au lieu de la donner: de
forte qu’au milieu des Trophées, le
prix eft toufiours à difputer: & fi tous
deux l’ont remporté. La victoire
efgarée, ou pluftoft feparée d’elle mé-
me, voyant deux victorieux, ne fçait à
qui le donner pour fe reünir à foy. Si
le Fils Triomphe, la Mere en a tous les
honneurs. Tellement que fi l’amour
ne partage la gloire Immortelle qu’ils
ont acquife, qui en pourra eftre l’ar-
bitre? Mais que peut faire auffi l’a-
mour dans vn combat, où l’humilité
donne les Couronnes. Il n’apartient
qu’à eux mefmes, ie veux dire à ce Fils
tout diuin, & à cete Mere toute adorable, de partager entr’eux la gloire de
leurs amoureux debats. Allõs à la fin.

Sainct Iehan, dans les agonies
d'vne vie languiſſante, qui ne reſpire
que l'air de la mort, ſans pouuoir toutes-fois mourir, ſe ſent tout à coup ra-
uir le cœur, par vn tranſport de ioye;
quoy qu'il ſoit comblé d'ennuy, à
l'oüye de ces douces paroles; *Femme
voila ton Fils.* Il voudroit continuer
de pleurer pour reſmoigner la iuſte
douleur qui le poſſede. Mais les delices ſecretes de ſon Ame, tariſſent malgré luy la ſource de ſes pleurs. De ſorte, qu'il ſoupire : & l'on ne ſçauroit
iuger maintenant, ſi c'eſt de ioye, ou
d'ennuy : de ioye, le ſujeçt qu'il en a en
eſt puiſſant, & de triſteſſe, la raiſon en
eſt forte : Car d'vn coſté comment
peut-il eſtre inſenſible aux douces felicitez, dont il ſe voit comblé, ayant
pour Mere, la Mere de ſon Dieu. Et
de l'autre, comment peut-il reſiſter
aux attaintes de ſupplices que ce meſme Dieu endure en ſa preſence.

Sans mentir, ie ne sçaurois dire quelle
de ces deux passions le possede, ou la
ioye, ou la tristesse. Toutes-fois comment se peut-il rejoüir d'vn bien dont
la gloite est incomprehensible? Il est
croyable qu'il cherit trop ses douleurs
pour en perdre le sentiment. L'amour
qu'il a pour son Maistre ne peut donner de l'interuale à ses regrets. Tellement qu'il reçoit ceste Mere desolee
pour Mere de ses afflictions, & luy se
dit Fils de sa douleur, puis que tous
deux sont blessez d'vn mesme traict
de martyre. Ie veux aller encore plus
auant.

Prestez silence, Car mon Sauueur
s'escrie, *Mon Dieu, Mon Dieu pourquoy
m'auez-vous delaissé?* Quelles paroles
pleines d'estonnement & de merueille! Que voulez-vous dire mõ Sauueur?
Comment est-ce que vostre Pere vous
peut auoir delaissé, puis que vous e-
stes vne mesme Essence auec luy?

Comment vous peut-il abandonner,
puis que vous faictes vn seul Dieu auec
luy mesme & le Sainct Esprit? Que s'il
delaisse vostre humanité dans les supplices de la Croix, vous en auez prononcé l'arrest contre elle de toute
Eternité. Vostre Pere vous permet
de souffrir tout ce que vous voulez
endurer. Tellement que s'il vous abá-
dóne dans les douleurs, c'est apres que
vous - vous estes liuré à leur Tirannie.
*Mó Dieu, pourquoy m'aueʒ-vous delaif-
sé.* Mais vous me permettrez, s'il vous
plaist, de vous demander pourquoy
vous - vous delaissez vous-mesmes :
Car apres auoir repandu vostre vie
dans vostre sang, vous en conseruez
encore les dernieres gouttes dans vos
entrailles pour r'animer vos maux, en
prolongeant le terme où ils doibuent
finir. *Mon Dieu pourquoy m'aueʒ-vous
delaissé.* C'est le langage sans doute que
vostre humanité tiét à vostre diuinité,

pluftoft qu'à voftre Pere, puis que
vous auez abandonné voftre corps
à toutes fortes de fupplices, fans luy
donner aucun foulagement. Quel excez de rigueur exercez-vous contre
vous-mefmes , ô doux Iefus: Car en
ce mefme temps d'agonie où vous tirez aux abois de Martyre & de douleur , vous iouïffez plainement de la
gloire qui eft propre & effentielle à
voftre Diuinité.   Mais l'amour que
vous nous portez , vous rend fi cruel
à vous mefmes , que vous ne voulez
pas permettre qu'vn feul rayon de cette gloire eternelle rejailliffe fur voftre
Ame, de peur que voftre corps n'aye
quelque interuale en fes fupplices.
D'où vient que vous-vous efcriez encore par amour : *Mon Dieu pourquoy
m'auez-vous defia delaiffé?* Il me femble que ie n'ay pas affez fouffert , &
vous me liurez à la mort. Retardez-en
s'il vous plaift l'heure encor vn peu,

afin que i'espreuue la rigueur de quelque nouueau tourment. *Mon Dieu*
pourquoy m'auez-vous delaißé si tost?
Car i'en suis aux derniers abois. Toutes mes douleurs vont finir   auec
ma vie ; He que feray-je du courage
qui me reste, & de la constance que
i'ay à souffrir mille fois d'auantage?
Mon Dieu pourquoy donc me delaißez-
vous?   Versez, versez tant qu'il vous
plaira de l'amertume dans mon calice,
ie ne desire qu'à croistre mes tourmens, pourueu que vostre Iustice en
soit exépte pour iamais, sur toutes ces
ames que i'ay rachetées. O amour aussi
adorable que ce mesme Dieu, que
nous adorons, puis qu'il n'est autre
chose qu'amour. Toutes les fois que
ie medite sur la grandeur de tes Merueilles, ie m'esgare tousiours, ou plutost ie me perds dans mes pensees.
Mais cet égarement & ceste perte me
sôt si agreables, que ie ne desire point

de me retrouuer. Deuoiſlons cependant les myſteres de ces paroles.

Hugues de S. Victor, diſcourant
ſur ce ſuiet, repreſente ſubtilement, &
auec des belles raiſons, Que le Pere n'a
pas abandonné ſon Fils par la priua-
tion de ſa diuine preſence, ou en ſepa-
rant l'vnion, qui eſtoit indiuiſiblemét
entre l'vne & l'autre nature diuine &
humaine ; Car cela eſtoit impoſſible
& ie vous enuoye chés Saint Thomas,
pour en voir des nouuelles raiſons,
qui ſouſtiennent la meſme verité. Le
Pere abandonne ſonFils dans les tourmens, Ie veux dire ſon humanité la
priuant de conſolation. Et en cela
comme la Iuſtice du Pere eſt celle-la
meſme du Fils, puis que le Fils & le Pere n'eſtoient qu'vne meſme eſſence a-
uec le S. Eſprit: ceFils condamnoit luy
meſme cete humanité qu'il auoit priſe, à tous les tourmens de la Croix. De
ſorte qu'il ne ſe plaignoit que pour

faire voir senfiblemét par ses cris, que
ses douleurs n'estoient pas feintes ; &
que veritablement il souffroit beaucoup plus qu'on ne sçauroit s'imaginer. En effect le fardeau de nos crimes
luy pesoit si fort, que son corps estoit
accablé soubz le faix.

Courtisans il faut en fin se rendre à
l'effroy des iugemens de Dieu , puis
qu'ils sont si espouuantables.   Quel
soulagement pouuez-vous esperer en
vos afflictions, voyát mon Redépteur
priué de consolation au plus fort de
ses tourmens? O Dieu des vengeances,
que ta Iustice est redoutable ! Car
quand ie considere ton Fils vnique
cloüé à vn poteau, & en action de jetter au vét les derniers soufpirs de sa vie
dans les gehennes, dont il est martyri-
sé, sans auoir aucune interuale, & sans
relasche , comme si ses creatures ne le
recognoissoient plus pour souuerain.
Ie ne soufpire qu'apres le fumier de

Iob, ne defirât d'autres faueurs que les
miferes, puis que ce font vos liurées.
Abandonnez tant qu'il vous plaira
mon corps aux douleurs, pourueuque
vous foyez le Pole de l'eguile de mon
Ame, ie me baigneray de ioye dans les
larmes de mes ennuys.   Allons à la
fin.

Il me femble que i'entens mon
Sauueur, lequel alteré des larmes de
fes ennemis , frappe de fa voix leurs
cœur, de roche, pour en faire fourdre
des fontaines.   Mais leur malice rend
cette roche fi aride, que mon Redempteur s'efcrie en vain : *J'ay foif*. Helas
mon Dieu ! Si vous ne voulez pas boire d'autre eau que celle des larmes de
vos ennemis, ils vous laifferont fans
doubte mourir de foif, parce qu'au
lieu de fe repentir du mal qu'ils vous
ont faict, ils preparent des nouueaux
Inftruments, pour vous faire endurer
des nouueaux fupplices. *I'ay foif*, dict

ce diuin Iesus. He quoy Seigneur!
n'estes-vous pas cette source d'eau viue, qui ne se tarit jamais? Beuuez donc
dans vos fontaines, desalterez-vous
dans vos ruisseaux. *I'ay soif.* Et c'est
vous qui donnez à boire à tout le
monde, & qui produisez autant de
sources que vous auez de playes. *I'ay
soif* : Quelle apparence, puis que vous
estes vn eternel Occean sans fonds &
sans riuage. *I'ay soif*, & qui le pourra
croire, Seigneur, puis que vous n'auez
pas encore vuidé le Calice de vostre
passion? *I'ay soif*, Pere Eternel, n'en-
tendez-vous pas vostre Fils qui vous
demande à boire, luy refuserez-vous
vne goutte d'eau dans la resolution où
il est, de vous offrir la derniere goutte
de son sang? Vostre Prouidence dóne
du pain à Helie, ne donnera- t'elle pas
aussi de l'eau à vostre Fils? I'adore dans
mon humilité, tout ce que ie ne puis
comprendre. *I'ay soif.* Esprits heureux,

qui hors du temps agiſſez ſans le tẽps,
que ne venez-vous ſeruir voſtre Createur en ce ſuperbe feſtin qu'il fait à
ſon Egliſe. Voila la ſeptieſme fois qu'il
a demandé à boire, ſans que pas-vn de
vous tous luy en preſente. Toutes-fois
voſtre impuiſſance vous ſert d'excuſe:
Car n'ayant point de l'eau qu'il demã-
de , vous luy preſentez pour ſatisfaction l'obeïſſance de vos volontez.
I'ay ſoif. Beaux aſtres, que ne reſoudez
vous en larmes les ſouſpirs de la Terre
pour deſalterer voſtre Createur. *I'ay*
ſoif. Cieux, s'il eſt vray que vous ſoyez
liquides, que ne vous repandez-vous
ſur le Paradis de cette Montaigne, affin
que mon Sauueur ſe deſaltere dans vos
ruiſſeaux, quoy qu'il en ſoit luy-meſme la ſource. *I'ay ſoif.* Rochers, la
verge de Moyſe aura-t'elle plus de
pouuoir que la voix de mon Sauueur,
pour vous faire ouurir le ſein, qui cache mille belles fontaines ? *I'ay ſoif.*

Ruisseaux, & fleuues, qui sortant du giron de voftre source, reuenez dans ce mefme giron par le chemin que la nature vous monftre. Suiuez donc maintenant ce mefme inftinct, & laiſſez-vous guider naturellement dás le sein de voftre vraye source, que l'amour rend si seiche & si aride, qu'elle n'a pas vne goutte d'eau. *I'ay soif.* Courtifans, c'eft à vous que mon Iefus demande à boire, vous – vous enyvrez, tandis qu'il meurt de soif: l'vn boit à la fanté du Roy vn tonneau de vin, l'autre à la fanté de fa Maiftreſſe vne Cuue. Celuy – là noye fa vie & fa raifon dans fon verre mourant eftouffé foubs la Vendange de fon breuuage: & celuy-cy, apres auoir infecté le vin qu'il a beu, en rend le poifon de tous coftez, comme si le tonneau eftoit creué. Et tout cela se fait à la veuë de mon Sauueur, agoniſant de soif sur l'arbre de la

Croix. *I'ay soif*, dit ce doux Iesus, & pas
vn de vous Courtisans ne luy presente
vne goutte d'eau pour rafraichir seulement ses levres. Vous aymez mieux
boire à la santé des Demons, qu'à celle
de vostre Redempteur : Quel crime
inoüy? *I'ay soif*. Toute la Terre est couuerte du vin que vous auez regorgé, &
mon Iesus a la langue toute seiche d'alteration : Quel nouueau prodige d'inhumanité ? *I'ay soif*. Vous-vous abis-
mez dans la mer rouge de vos ivrogne-
ries, & mon Createur expiré de soif
sur le riuage. Les termes me manquent
pour donner vn nom à cette offence.

Courtisans, ie ne vous conte point
de fables , combien de fois voyez-
vous nostre Seigneur aux portes de
vos Palais & de vos Maisons qui
vous demande , par la bouche d'vn
autre pauure Lazare, vne seule goutte
du vin , dót vous abreuuez par mespris

la Terre aussi bien que les mietes qui
tombent sous vos tables ; Mais quelle ingratitude ! vous luy refusez &
l'vn & l'autre, aymant mieux nourrir
vos chiens, deuenant bestes auec eux
pour trop boire, que donner vn morceau de pain, & vn verre d'eau à vostre Dieu, à vostre Createur, & à vostre Sauueur, representé au naturel
par les pauures. Iugez quelle sera vostre confusion, en cet espouuantable
iour plein d'effroy & de misere. Vos
consciences criminelles doiuent arre-
ster vos Esprits sur ces importantes
pensées.

I'ay soif. Dict toufiours mon Sauueur, ô Vierge tres-pure, & tressainte,
n'auez-vous pas quelque peu d'eau
pour d'esalterer vostre cher Fils. Ie
voy bien que vous pleurés ameremét
pour faire vne fontaine de vos pleurs;
mais vos yeux ne produisent que des
larmes d'amour, & mon IESVS ne

peut estancher sa soif, que dans des larmes de repentance. De sorte qu'il s'escrie continuellement, *J'ay soif*: Ha mes yeux! puis que l'eau caue la pierre, que ne vous fondez-vo⁹ en larmes sur mon cœur de Roche, pour amolir sa dureté, & pour le rendre fecond à produire vne nouuelle fōtaine de pleurs. *J'ay soif*, Que n'es-tu Metamorphofée mon Ame en vne viue source de repentance, pour arrofer de tes ondes cét adorable Paradis du corps de món Sauueur. *J'ay soif*, Ie sçay bié Seigneur, qu'il y a long-temps que vous me demandez à boire comme à vne autre Samaritaine : mais fi vous ne frappez vous-mefmes auec la verge de voftre Croix le Rocher de mon cœur, vous n'en tirerez iamais de l'eau pour vous defalterer.

O Amour que tes flammes font ardentes ! puis que tu deffeiches fi fort les entrailles de mon Sauueur , que

le

le martyre de sa soif le tient aux agonies. Ce diuin Iesus, tout embrasé
du feu de son amour, demande de
l'eau pour en accroistre l'ardeur,
comme s'il croyoit que ses flammes
n'eussent pas assez de violence pour
reduire son cœur en cendres. *I'ay
soif*, dit-il, Car ie brusle trop lante-
ment, iettez vne goutte d'eau dans la
fournaise amoureuse de mon sein, la
mort dont ie meurs est trop douce.
Mais ne dites plus cela, Seigneur, puis
qu'on verse dans vostre calice du fiel
& du vinaigre, pour vous la rendre
amere.

Quelle effroyable ingratitude, apres
que ceste langue sacree de mon Dieu
a brisé les chaines de son silence, pour
implorer la grace de ceux mesmes qui
la tenoient en captiuité. On luy donne pour recompense du fiel & du vinaigre.

Mais quelle adorable amour ! De

Q

toutes les parties du Corps, ce doux
I ES V S n'a rien de sain que la langue,
& il employe ses dernieres paroles,
pour demander du fiel & du vin aigre
aux bourreaux ; comme s'il aprehen-
doit de mourir sans ressentir l'amertume de ce dernier supplice.

Courtisans, que pouuez-vous preté-
dre du monde, si Dieu mesme qui l'a
creé y meurt de soif. Enyvrez-vous
tant qu'il vous plaira dans vos festins:
vous vous trouuerez si alterez à l'heure de la mort, non pas d'vne soif d'a-
mour, côme mon Sauueur, mais d'vne
soif de regret inutille, que vous en
mourrez eternellement. Ne souffrez
point que ie sois vostre Cassandre.

O Dieu de mon Ame ! en quels
termes me pourray-ie plaindre d'oresnauant, dans les miseres où vostre Iustice me peut reduire à toute heure,
vous voyant rendre la vie à mille
morts tout à la fois. Il n'y a pas

en voſtre corps vn nerf, vne veine,
ny vn arthere, qui n'aye eſprouué les
rigueurs de mille ſupplices. La langue
ſeule vous reſtoit exemple de douleur, & elle meſme s'eſt decelée en
demandant à boire, affin qu'on luy
donnaſt du fiel détrépé dãs du vinaigre. Helas Seigneur ! il ne faut point
d'autre medecin, pour nous guerir de
nos maux, que la meditation de ceux
que vous auez enduré : Car ſi vne
douleur de migraine nous ſaiſit par la
teſte, nous n'auons qu'à penſer aux
eſpines qui ont percé la voſtre.   Si
quelque defluxion nous tombe ſur la
ioüe, repreſentons-nous les ſoufflets
que les voſtres ont ſouffert.   Si vne
apoplexie nous veut eſtrangler, pen-
ſons à meſme temps aux chaines, &
aux cordes, dont vous eſtiez lié par le
col, auec vne cruauté ſans exemple. Si
la goutte s'empare de nos mains, & de
nos pieds, courons promptement au

Q ij

remede de ce souuenir que les voſtres
ont eſté cloüez, & nous ſerons gueris
toute à l'heure. En fin ſi nos corps ſont
affligez de quelque playe, conſide-
rons les voſtres des yeux de l'Ame, il
ne faut point d'autre remede que cette ſeule conſideration.

Impatient, que mille crimes tiennent attaché à vn lict auec les chaines
toutes de feu d'vne fiévre, prens le Calice de mon Sauueur, & boy apres luy
du fiel & du vinaigre ; c'eſt l'vnique
moyen d'eſtancher ta ſoif.

Courtiſans, puis qu'auec tant de
bruict & tant d'eſclat vous faites pro-
feſſion de la Generoſité, aurez-
vous le cœur foible & l'Ame ſi laſche,
que de vous plaindre à grands cris
des petites douleurs qui vous tiennent
à la gehenne, pour punition du crime
de vos deſbauches ? vous repreſentant la verité des tourmens, que ce diuin I E S V S endure ſur la Croix en ex-

piation de vos propres offences : En
viédrez-vous iusques à cette detestable impieté, de blasphemer dans vos
douleurs le nom de ce mesme Dieu
qui meurt de douleur, par vn excez de
misericorde? Soutiendrez-vous encore effrontément, que vos maux sont
sans exemple, apres auoir ieté les yeux
sur cet adorable Sauueur crucifié entre
deux larrons ?

Esprits affligez, ie vous somme tous
de comparoistre sur ceste Montaigne
de douleur, pour raconter chacun à
son tour l'Histoire de ses infortunes,
puis que la Croix de mon I e s v s est le
vray dictame de toutes sortes de
playes. Ie veux dire l'vnique soulagement à toute sorte de malheurs. Si
quelqu'vn se plaint de la mort de son
Pere ; qu'il iette les yeux sur la Croix,
& il y trouuera à mesme temps sa con-
solatiõ. Si quelque autre soupire de la
perte qu'il aura faite de ses biens, qu'il

contemple la Croix de mon Sauueur, & il sera plus riche que iamais, ne souhaitant rien du monde. Si celuy-là est publiquement affamé, qu'il tourne visage du costé de la croix, il recouurera son honneur tout à l'heure. Et en fin, si celuy-cy est la fable des hommes, & le iouët de la fortune, qu'il aye recours à la Croix, il se rendra inuincible par ses armes: ie vous laisse l'estude de ces leçons.

Ie voy cependant mon Sauueur qui le prepare aux adieux, estant sur le poinct de partir: Car il s'escrie encore, *Consummatum est, tout est consommé.* Il est vray mon Sauueur, le crime est reparé, la Iustice est satisfaite, & vos ennemis sont vaincus. *Tout est consommé, mon cher Pere.* Car ie n'ay plus de sang dans les veines, ie n'ay plus de peau sur les os. *Tout est consommé,* l'humeur de ma vie s'est exalée en soupirs, & en larmes, il ne me reste

dans le sein que le vent du dernier
sanglot, qui me rauira l'Ame du
corps. *Tout est consommé.* I'ay suiuy la
loy des peines, que vous m'auez im-
posee; vous auez maudit la Terre,
mais vous voyez comme ie porte sur
ma teste, les fruicts de sa malediction.
Si Adam pour cueillir la pôme a leué
la main, les miennes sont encore clouées à ce nouuel arbre de vie pour m'en
effacer le crime. *Tout est donc consom-*
mé. Ie n'ay rien plus à faire qu'à mourir, & i'en meurs d'enuie dés le premier moment de ma conception.
Tout est consommé. Ha Seigneur! que ie
ne puisse dire cela de mes mauuaises
habitudes: Car le feu de mes brutales
passions me deuore continuellement.
Tout est consommé: O doux Iesus, le mô-
de tient mon cœur enflámé, mes foles
humeurs ne sont point encore con-
sommées. *Tout est consommé pourtant.*
Faictes donc, s'il vous plaist, que le feu

de voſtre amour me reduiſe en cédres, afin que tout ſoit auſſi conſommé en moy : *Tout eſt conſommé*. Hé que ne le ſuis-ie en effect Seigneur ! auſſi bien que de volonté. Il me ſemble toutes-fois qu'il ne faut point d'autre feu que celuy du deſir extréme que i'en ay, pourueu que le vent de voſtre grace entretienne ſon ardeur. *Tout eſt con-ſommé* ! O qu'il faut eſtre ſçauant en amour, pour deſcouurir les amoureu-ſes Merueilles qui ſont cachées dans ces paroles ! ie ne veux point aller trop auant. Ie me contente de ſçauoir auec Sainct Paul, que mon Dieu eſt cruci-fié. Si toutes les ſciences du monde, n'ont cette Verité pour object, elles ſont faulſes. C'eſt pourquoy ie ne ſçaurois entendre, que ce que la Croix me preſchera. Ie veux paſſer Docteur dans l'Vniuerſité du mont du Caluai-re. La Croix de mon Sauueur ſera mon Liure, ſes playes mes leçons, &

luy-mesme mon Maistre de Philosophie, deuant qui ie feray des argumés sur sa bonté, & sur ma malice, concluât tousiours à l'honneur de sa misericorde, afin qu'elle aye pitié de moy.

Changeons de termes, pour parler de la douleur de cette Sainéte Mere; Mais qu'en dirons nous ? si les Anges sont muets, quel esprit curieux osera sonder les abismes de ce nouueau Ocean, que les larmes qu'elle repand ont produit. Il me semble que l'humilité mesme, & le respect en cette sorte de pensees, ne peuuent estre dignement receuables; parce qu'ils sont forcez dans la necessité où l'on se trouue, d'estre humble & respectueux, en vn suiet où l'arrogance est inseparable du precipice. Que feray-ie donc? ô Vierge adorable! Si ie parle de vos tourmens, ma temerité m'en prepare de nouueaux. Si ie garde le silence, la contrainéte qui me

l'impofe m'en ofte le merite.   De
forte que ie ne puis ny parler, ny me
taire, quoy que ie fois également vio-
lenté d'ouurir la bouche & de la
fermer. Permettez - moy donc , s'il
vous plaift , que mes yeux & mon
cœur facent chacun à leur tour l'office de ma langue , pour exprimer en
leur langage, non pas voftre douleur,
mais pluftoft celle que ie fouffre de
vous voir endurer. Voicy pourtant
des nouuelles penfees fur voftre affliction.

Cefte Mere defolee auoit oüy toutes les plaintes de mon Sauueur, & il
eft croyable que chafque accent fe
metamorphofoit en vn glaiue tren-
chant qui luy perçoit les entrailles,
comme foible pour le fecourir auec
toute la force de fon amour: elle auoit
entendu les pitoyables cris de ce Sauueur mourant de foif, & de mille au-
res doule urs encore, fans luy pouuoir

donner vne goutte d'eau : Car quoy
qu'elle pleuraſt amerement, ſes larmes
ayant vn principe d'amour , eſtoyent
toutes de flamme liquide.   De ſorte
qu'au lieu d'eſteindre la ſoif , elles en
euſſent augmenté l'ardeur. Ie veux
m'imaginer auſſi , que viuant en ſon
cher Fils pluſtoſt qu'en elle-meſme,
elle ne ſoupiroit que par les ſoupirs de
ce doux I E S V S,& que ſon cœur eſtoit
navré d'autant de playes que ſon cher
enfant en auoit ſur le corps:volez plus
haut ſi vous pouuez.

Preſtons ſilence encore à ce dernier
adieu, que ce Sauueur nous fait par
cete amoureuſe priere,qu'il addreſſe à
ſon Pere,en diſant,*Seigneur ie mets mon
Eſpit en vos mains.*   Quel excez d'a-
mour ! mais quel excez d'Humilité ?
Ce Fils mourant d'amour prie le Pere
auec toute ſorte de reſpect,de prendre
ſon Eſprit en ſa protection , quoy
qu'elle en ſoit inſeparable. *Seigneur ie*

mets mon Esprit en vos mains. Il appelle Seigneur celuy à qui il est en essence, & en puissance. Voila son humilité; & il met son Esprit en ses mains, bien qu'il y fut desia, comme si de ces paroles, il en eut voulu faire autant des nouuelles chaines. Et voila son A-mour. *Seigneur ie mets mon Esprit en vos mains.* Ce Dieu meurt en homme, & toutes-fois sa mort est toute diuine. Car rendant son Esprit à son Pere, il rend sa vie à la vie mesme. *Seigneur ie mets mon Esprit en vos mains.*

O doux Sauueur, faictes s'il vous plaist, que mon Ame soit l'Echô de ces mesmes paroles, afin qu'en mourant, ie vous tienne ces semblables discours, *Seigneur ie mets mon Esprit en vos mains;* ô qu'il y a du contentemét à mourir en parlant de la sorte! C'est viure dans la mort, & mourir dans la vie. *Seigneur ie mets donc mon Esprit en vos mains* des à present, pour pouuoir

viure heureux dans mes miseres. Ie ne
veux point attendre que ie meure, ie
vous fais maintenant cette priere, afin
de trouuer autant de felicitez en ma
vie, comme i'en pourrois esperer en
ma mort. *Seigneur ie mets mon Esprit en
vos mains.* Receuez le s'il vous plaist.
Il est à vous ie vous le rends. C'est vn
ruisseau qui se va ioindre à sa source:
c'est vn rayon qui ne peut subsister
hors du corps de sa lumiere. C'est vn
atheïsme, qui cherche son vnité. *Seigneur ie mets mon Esprit en vos mains,*
mais auec cette resolution de ne l'en
retirer iamais, pour estre à iamais vny
auec vous dans le seiour glorieux de
cette eternité, dont vous seul estes la
mesure, comme estant infiny. Mais
que dis-ie infiny? *Et inclinato capite
emisit Spiritum. Et baissant la teste il
rend l'Esprit.*

Quel effroy me saisit? Mon cœur
est dans les alarmes de la mort, & mon

Ame dans ses agonies. Mes cheuaux s'herissent, mon sang se gele, & mes entrailles palpitent dans les trances de mon estonnement. La Terre tremble, le Ciel s'esclate en foudres, le Flambeau du iour s'est estaint, & les Astres de nuit en ont vne eternelle pour sepulture. L'air tout en feu remplit tout de ses flammes, affin d'embraser tout. Quel oracle consulteray-ie, pour cognoistre la cause de tous ces Prodiges? Ha! le grand Dieu de la nature est mort, & la nature mesme n'en peut celebrer les funerailles, si elle ne s'enseuelit dans le tombeau de son premier neant: De sorte que ie voy tout mourir en mourant.

Toutesfois les morts resuscitent: Mais c'est sans doubte pour mourir encore vne fois de regret, puis que l'Autheur de la vie ne vit plus. Qui voudroit respirer encore, si ce n'est pour ietter le dernier soupir? Car les pierres inanimées ont vne Ame de Compaſſion, puis qu'elles ſe fendent de pitié; Helas Seigneur! que n'ay-ie vn Cœur de Pierre, me voyant inſenſible auec vn cœur de chair.

Dés lors que mon Sauueur euſt rendu l'Eſprit entre les mains de ſon Pere, comme à la ſource Eternelle, dont ce Ruiſſeau de meſme nature procedoit, le Soleil ſur le premier que porta le dueil de ce treſpas, couurant ſon beau viſage de noir de ſon affliction. Mais choſe eſtrange, ce bel aſtre s'eſclipce luy-meſme, comme s'il eſtoit animé, & il eſt croyable qu'en ſon occident, ſa clarté naturelle ſe Metamorphoſa en vne lumiere de Raiſon, puis qu'auec tant de Iuſtice il celebre les funerailles de ſon Createur. La Lune ſe couure de ſon manteau de nuiſt, quoy qu'il fut azuré, ſçachant bien que les tenebres de ſon affliction, en feroient perdre &

l'efclat, & le luftre. Les Eftoilles ne
paroiffent point dans cette obfcurité,
comme fi elles n'en pouuoient fup-
porter l'horreur. Les Elemens agif-
fent tous diuerfement , mais prodi-
gieufement, chacun à fa façon ; le feu
ne luit plus que dans les efclairs, &
dans les foudres. L'air eft tellement
efmeu par le vent des foupirs, dont
tous les cœurs l'agitent fans ceffe, qu'il
ne predit qu'orage & que tempefte.
La Terre toufiours tremblante comme animee d'vn friffon de peur &
d'effroy, ne peut treuuer vn tombeau
pour fe cacher , quoy qu'elle en foit
toute pleine.

L'eau cherchant vn abry , fe reffer-
re dans les yeux des mortels , pour re-
naiftre encore vne fois dans les larmes de regret qu'ils repandent. Les
Rochers muets & infenfibles fe fendent, & toutes-fois en fe fendant ils
parlent , & fouffrent , comme s'ils
auoient

auoient des langues, & des cœurs.
Les arbres estans sur le point de fleu-
rir, ne produisent que des Espines au
lieu de Fleurs. De sorte qu'ils se metamorphosent tous en Buissons. Les
oyseaux effrayez, errent par tout, ne
sçachant dans quel element ils
doibuent treuuer leur sepulture, &
dans l'effroy qui les anime, chacun
oublie son ramage, pour aprendre à
croasser comme les Corbeaux, ou à
huer comme les Hiboux. En fin toutes les choses creées sont reduites aux
abois, par la mort du Dieu de la Nature ; comme si la Nature mesme,
debuoit mourir auec luy.

Courtisans, faut il donc que le Soleil s'esclipce à la mort de son Createur, & que vous n'en cligniez pas
les yeux de pitié, ou d'estonnement?
La Lune aura t'elle le visage couuert
de dueil, tandis que les vostres seront
parez de ioye.   Les estoilles se cache-

R

ront-elles de peur, ſans vous en faire,
puis que vous n'eſtes point capables,
ny de compaſſion, ny d'amour ?   Le
feu allumera-t'il les Eſclairs, & les
foudres de la Iuſtice diuine , pour
reduire vos teſtes en cendres, plutoſt
qu'embrazer vos Ames d'amour ?
L'air ſera-t'il agité , ſans eſmouuoir
vos Eſprits ? Quoy ? la Terre trem-
blera , & vous demeurerez immobi-
les. L'eau ſe reſſerrera dans vos yeux,
pour eſtre reſpanduë en larmes, &
vous ne pleurerez pas.   Les Rochers
muets parlent, & ſouffrent dans leur
inſenſibilité , & vous aurez des langues ſans vous plaindre, & des cœurs
de chair, ſans ſoupirer. Les arbres ſe
pareront d'Eſpines, voyant que leur
Createur en eſt encore couronné : &
vous les foulerez aux pieds, apres en
auoir cueilly les Roſes. Les oyſeaux
publieront leur effroy par leur ramage, en vn accident ſi funeſte, & vous

garderez le silence dans voftre malice, pour mediter le mefpris de toutes ces Veritez. En fin, Tout ce qui eft en la Nature portera fur le vifage quelque marque d'ennuy & de trifteffe, & vous ferez feuls plus infenfibles que les Rochers, & plus durs què les pierres. N'apprehendez-vous pas, que ces mefmes Rochers, & ces mefmes Pierres ne foient vn iour autant de tefmoings de voftre damnation?

Si les Montagnes de Gelboé ont efté autresfois maudites par le Roy Dauid, pour n'auoir pris le dueil de la mort de Saul, comment vous deffendrez vous contre les reproches de voftre infenfibilité en la mort de ce diuin Createur, fçachant mefmes que le Ciel exauça les vœux de ce Prophete? De forte que fi les Rochers infenfibles ont efté punis pour n'auoir point eu de reffentiment, pourrez-vous exempter vos cœurs de Roche des supplices, où le crime de leur dureté les a dés-ja condamnez. La considera-tion en est assez importante.

Ie reuiens encore à vous, ô diuin Redempteur, mais ie ne vous trouue plus : Car vous estes des-ja descen-du aux Limbes. Ha qu'il se cognoist bien maintenant que ie ne viuois pas en vous, puis que ie ne suis pas mort a-uec vous. *Ie vous voy* pendu à l'arbre, dont i'ay mangé le fruict. *Ie vous voy* obeissant iusques à la mort, pour re-parer le crime de ma desobeyssance. *Ie vous voy* tout déchiré à lambeaux, & accablé soubs le faix de mes pechez, affin de m'exempter de leurs peines. Que sera-ce de moy, Seigneur, vous portez les espines sur la teste, & ie ne puis les souffrir soubs les pieds. Vostre visage est tout remply de crachats, & à peine en puis-je voir la Terre cou-uerte. Vostre bouche a eu en parta-ge le fiel & le vin-aigre, & ie n'en

ſçaurois ſouffrir la ſenteur. Vos
mains ſont cloüées à vn poteau, & ſi
les miennes ſont picquées d'vne eſ-
pingle, i'en viens iuſques au deſpit,&
iuſques à la cholere.   Voſtre corps
a ſeruy de but à la Rage, & le mien
ſert de Blanc à la Volupté.   Vous
eſtes mort en fin dans les douleurs,
& ie vis encore dans les delices : Qué
ſera-ce donc de moy , ô doux IE-
SVS ? ie reclame voſtre ſeule Miſeri-
corde:Car toutes les fois que ie pen-
ſe à voſtre Iuſtice , il me ſemble que
les Enfers ſont ouuerts pour m'engloutir. Voyons la fin de ces funeſtes
Veſpres.

On peut curieuſement remar-
quer,que noſtre Seigneur a fait d'auſſi grands Miracles en ſa Mort, qu'en
ſa vie : Car ſi en viuant il a donné
la lumiere aux aueugles , en mourant il en priue le Soleil. Si en viuant il fait parler les muets ,en mou-

rant il donne des langues aux Rochers pour se plaindre à leur façon.
Si en viuant il resuscite les morts, sa
mort leur redonne la vie. Si en viuant il se fait craindre aux Vents, & à
la Mer, en mourant il fait trembler la
Terre. Si en viuant encore il est re-
cognu pour Fils de Dieu, apres sa
mort ses ennemis mesmes le confes-
sent.

O adorable Sauueur! Mais en effect tout adorable. Ha qu'il y a du
plaisir de s'esgarer en la meditation
de vostre Grandeur infinie : Car
quand ie considere que vostre foiblesse mesme a esté toute-puissante,
puis qu'en mourant vous resuscitez
les morts, i'humilie mon esprit dans
mon silence, ne sçachant comment
dire pour vous exprimer seulement
mon deffaut. Vous voulez estre enseuely, & par vn Miracle digne de vous,
les Tombeaux s'ouurent à l'enuie, &

donnent congé à leurs hoftes , pour vous offrir en hommage leurs funeftes maifons. Vous-vous eftes humilié iufques à la mort de la Croix, & en vous rabaiffant dans l'infamie de ce fupplice , les pierres ont publié voftre Grandeur. Vous auez bien fait encore d'auantage : Car fçachant que la Nature fonneroit l'alarme par tous les quatre coins de l'vniuers, à l'heure de voftre mort, vous auez fans doubte commandé au Soleil de s'ecclipcer , affin de cacher foubs le voille de fon obfcurité , toutes ces Pompes funebres , que vos Creatures vous preparoient pour vn dernier tribut. Mais voicy le Miracle defcouuert: ces tenebres naiffant en plein midy, publient encore la puiffance infinie, dont vous voulez cacher la Verité foubs leur voille. De forte que ie puis fouftenir pour la feconde fois, que dans voftre aneantiffement vous auez trouué le Throne de voftre gloire immortelle. Changeons de difcours, & de penfée.

Ne voy-ie pas vn Cheualier plus cruel que tous les Bourreaux enfemble, qui d'vne lance meurtriere perce le cœur de mon IESVS? Ha cruelle lance! que cherches-tu dans ce cœur? fi tu y cherches la vie, il y a des-ja long temps que l'amour en a fait le rauiffement, tu n'y treuueras que la Mere: Mais que fais-tu, en voulant punir vn cœur coulpable? tu en bleffes deux innocens: Le cœur de la Mere eft dans celuy du Fils, & tu te réds meurtriere de tous enfemble, pour emporter le prix de la Cruauté. Toutesfois il me femble que tu es excufable, s'il eft vray que l'aimant attire le fer: Car le cœur de mon IE-SVS eftant vn vray aimant, il t'a attiré auec violence, pour receuoir vne noüuelle bleffure d'amour, comme en eftant tout plein. Mais quelle

eſtrange Merueille. Ie voy deux fontaines, l'vne de ſang, & l'autre d'eau.
Ha i'en decouure encoie le ſecret. Il y
a deux fontaines, parce qu'il y a deux
playes, puis que le cœur du Fils & celuy
de la Mere ſont egalement bleſſez. Le
cœur du Fils produit la fontaine de
ſang, à cauſe que ſon ſang doibt effacer nos crimes ; & le Cœur de la Mere, nous donne vne fontaine d'eau;
Mais d'eau de larmes, comme eſtant
toute en larmes, affin de nous èmou-
uoir à Compaſſion. Il faut que ie vous
die encore vne autre penſee.

Vous-vous ramantevrés que mon
Sauueur ſua ſang, & eau, dans le
Iardin d'Oliuet, par vn effort d'A-
mour, & voicy les dernieres gouttes de cette ſueur amoureuſe, qui
s'eſtoient reſſerrees dans le cœur, &
qui ſe repandent amoureuſement par
ceſte derniere bleſſure d'amour. Allons
à la fin.

Mon Ame, si ce premier Martyr a veu les Cieux ouuerts, tu ioüys maintenant de la mesme grace, puis que le cœur ouuert de ton Sauueur, est ton Paradis : Mais tu vois aussi que le chemin en est tout sanglant. De sorte que pour y entrer dedans, il faut necessairement souffrir le martyre. O *douce necessité* ! puis que mon Redempteur en est l'exemple. O *douce necessité* ! puis qu'elle se termine à vne gloire sans fin. O *douce necessité* ! puis qu'on endure pour l'amour de celuy qui nous a aymez beaucoup plus que soy-mesme. Seigneur, pourquoy m'auez-vous commandé de porter vostre Croix ? Ne sçauez-vous pas que se m'est vn fardeau si glorieux, que ie n'en pouuois refuser l'honneur qui en est inseparable ? Il me semble que vostre commandement oste le merite à mon obeyssance : Gar ie vous doibs obeyr comme à mon souuerain. Et en vous obeyſſant par raiſon, ie ne puis vous teſmoigner mon amour. Toutesfois, puis que vous cognoiſſez les plus ſecrets ſentimens de mon Ame, ie vous offre tous les mouuemens de ceſte bonne Volonté qui me poſſede maintenant, affin que vous receuiez pour effect tout ce que ie ſçaurois faire, ſi vous m'en donniez le moyen, comme i'en ay le deſir. Suiuez-moy ſur ces traces.

Courtiſans, ie vous laiſſe deuant les yeux ce miroir de la Paſſion de mon Sauueur: ie vous laiſſe, diſie, ce theatre ſanglant, où il a repreſenté la Tragedie de ſon amoureux ſacrifice. Tout y eſt adorable auec effroy: Car ſi ce miroir vous repreſente la Miſericorde d'vn coté, il vous fait voir auſſi la Iuſtice de l'autre. Et ſi l'Amour paroit ſur ce funeſte Theatre, la vengeance y ioüe ſon perſonnage. Cela veut dire, que ſi vous vous en aprochez comme la Magde-

lene, les larmes aux yeux, les soupirs à
la bouche, & les regretz dans l'Ame,
vous y cueillirez les fruicts de la grace.
Mais si vous y comparoissez auec l'impudence & l'obstination d'vn mauuais
larron, les abismes sont encore ouuerts
pour vous engloutir.

Quand ie contemple ce diuin IE-
SVS sur le Trone amoureux de sa Croix,
en action d'expirer d'amour, apres
auoir répandu par amour, tout le sang
de ses veines, & que d'vn costé ie voy
sa Misericorde, representée par le bon
larron, & de l'autre sa Iustice, figurée
par le mauuais, & ie tremble de peur
dans les plus douces esperances de mon
salut. Quoy que lors que les Cieux sont
ouuerts par autant de portes, que mon
Sauueur a de playes, il n'y a qu'vn seul
qui entre dedans, son Compagnon est
repoussé, & si rudement, qu'il en est
precipité iusques dans les enfers, *O ad-*
mirable Misericorde ! Mais ô espouuen-

table Iuſtice! O adorable Bonté! Mais ô horrible Vengeance! D'vn coté ie ſuis rauy de ioye, & de l'autre ie friſſonne d'eſtonnement. D'vn coté l'Eſperance me fait heureux auant que l'eſtre, & de l'autre la crainte me rend malheureux par aduance.

Que ſera-ce de vous, Meſſieurs les Courtiſans, à l'heure de la mort, ſi ces portes des Cieux vous ſont fermées? Et ſi ces ruiſſeaux de ſang ne coulent plus pour lauer vos crimes, dans la meſme obſtination de ce mauuais larron ?

Pleurez, pleurez donc de bonne heure, ſi vous voulez (comme vn autre S. Pierre) trouuer le port de voſtre ſalut dans la Mer de vos larmes; auſſi bien ne les pouuez-vous refuſer à l'objeĉt de mon I E S V S crucifié.

www.ingramcontent.com/pod-product-compliance
Lightning Source LLC
LaVergne TN
LVHW021537170726
843501LV00004B/1104